元脱脱等撰

宋史

第一九册

卷二二二至卷二二五（表）

中華書局

宋史卷二百二十二

表第十三

宗室世系八

秦王房

贈太師、中書令兼尚書令、秦王德芳	
保靜軍觀察使留後、高平郡王惟敍	
建州觀察使從溥	
潤國公世堯	
太子右內率府副率令湊	太子右監門率

府率令瞻　贈高密侯令畋

忠訓郎子昌

伯対

師睽

希俌　希倜　希倯　希倢　希俅　希友　希伯

與穎　與富　與貲　與樳　與塑　與墅

孟芳　孟嵥　孟嶢　孟崵

師捘	師巽												
希峻	希橧					希栩			希瓚		希季	希檜	希植	希椐
	與保	與偤	與似	與偪	與侘	與什	與伉	與倧	與傚	與傯				與佯
		孟茱						孟玿						

					子乙 再贈通議大夫							
	伯爻	伯乂		伯文	伯存							
		師瑱	師憙		師丑							
					希開				希亢	希瞿		
與側					與堪	與墿	與垠	與堈		與壎		
										孟鈹	孟鐀	孟鍒

伯笠								伯愚	伯靈					
師程				師甫	師芸			師由	師居		師慮			
希慷				希溆				希澮		希磯	希龐			
與俰	與楥	與櫝	與橘	與坊		與欒		與扶			與瞻	與玼	與玜	與琋
							孟[illegible]	孟燐			孟璪			

修武郎

子景 子旦 保義郎

伯達

師扎

希誙 希岱 希蕭 希輔 希贛 希漉 希濡

與垓 與埴 與坃 與埈 與摘 與坆 與龔 與垎

孟榆 孟璗 孟瑽 孟儒 孟儷

令崘	敦武郎令璁	武功大夫令雯									
子忠		承信郎子褒		從義郎子亨							
		伯絳	伯維	伯茀							
				師佗	師仟			師什	師億		
					希玭	希璛	希瑇	希瓙	希𤦡	希璊	希瑸

齊國公從晛							
惠國公世逸							
左班殿直令幹	右班殿直令緒	太子右內率府副率令					
承信郎子奕							
伯薇	伯莘						
師儺	師例	師仿	師僋				
希鉿	希逸	希蘧	希鏉	希鍚			

祉	太子右內率府副率令憴	贈廣平侯令攀								
		修武郎子蕎								左侍禁
		伯陞								
		師曦					師噲		師彊	
		希僓	希宥		希侏		希琲	希昣		
		與俍	與伎	與𠑊	與澳	與汭	與碏			

	贈高密侯令息							
子宏	修武郎子宥	再贈武經大夫子定						
伯亮	伯綬	伯齊	伯珪	伯璋				
師輖	師琢	師支	師葳	師藏	師溫			
希邴	希仍	希儷	希待	希爟				
與徠	與評	與訢	與誼	與詮				
孟達	孟遂	孟岃	孟迫					
由嚑								

伯琦					伯琳									
師率					師柄									
希亦	希衣	希京		希市	希佇									
		與充	與云		與恭	與朁					與儁	與發		與贇
			孟章			孟迎	孟邀					孟椐	孟櫬	孟澓
						由訢	由讙	由訃	由詡	由諮				

希仟				希夻										希儆
與澨			與洽	與鬯				與仲	與卓		與龖			
孟鄙	孟祁	孟鄰		孟迉		孟造	孟邃	孟浙	孟還	孟遷	孟迆	孟迲	孟逌	
				由僟	由仲	由詮	由漆		由壽					

	伯瑊													
	師及					師捷								師朋
希侅	希迅	希沃			希僑	希粲			希秋					希瓔
		與禫		與捘		與終	與起	與協	與䲢	與腆			與臆	
		孟鑿	孟鑒	孟鋈						孟釪	孟鈛	孟淌		

				伯琥										
師燕				師邁						師務				師賛
希檕				希褒				希表	希豫	希誴				希複
與熛	與焨	與烒	與煊	與辰	與訊	與詷	與謞	與瀾		與善	與僂	與傍	與傛	
					孟機			孟錊		孟時	孟怤			

									師薿	師蘊				
希譯										希採			希楔	
與堲			與[illegible]				與棏			與遻	與迪		與凝	
孟澋	孟汊	孟澤	孟激	孟洷	孟泓	孟瀾	孟霙	孟[illegible]			孟榯	孟栩	孟琝	孟琛

			師沅											
			希驊											希駰
與洐		與淸	與浤		與潛	與泠	與滌	與汾	與淪	與濯	與瀼	與洮	與謝	與瑨
孟琠	孟璙		孟柏	孟栟	孟偃									

伯璉													伯玒	
師艾												師客	師蹇	師盧
希晉						希昱	希皆						希晟	希曼
與藝	與豜		與虩	與兢	與幵		與辨				與診			
	孟悅	孟協	孟熑				孟昞	孟墇	[illegible]	孟睩				

		太子右內率府副率令伾								
	從義郎子宣		秉義郎子宇	忠訓郎子宗					子宜	
伯琇			伯逢	伯崧	伯巖	伯崇	伯顯	伯嵩	伯彥	
師伉									師仲	師冉

	贈博平	侯令珂											贈左領	軍衛將
	從義郎	子无			承節郎	子寬	子寔		子寶	子養				忠翊郎
		伯濤	伯仍				伯伋	伯仁		伯禧	伯祺	伯袖		
師舜		師眞	師矼											
			希瑱	希玕										

軍令葸														
子宰								子家						
伯仁	伯儀	伯暉	伯領				伯旦	伯智						
	師琇		師鼐			師養	師逸	師譚						
	希鋸		希銲		希通			希禹						
			與琉	與珅	與玎			與才		與祉		與禔	與祓	與褞
								孟侁	孟徎	孟塘	孟得		孟行	

					武節郎令豫					
				秉義郎子正	子玥	承信郎子珂	保義郎子宜			子膚
		伯會	伯禮		伯圭		伯祺	伯璨	伯球	伯燾
		師孔								師誥
希縉										希彭
與祤	與祠									

	希良			
	希雍	與治		
		與豪		
		與佳		
	希庠	與侗	孟濟	
			孟洙	
		與儻	孟湑	由臬
			孟淎	
		與倣	孟涔	由鐽
			孟潚	
			孟湛	
			孟灒	
	希商	與僎	孟沫	
		與倜		
師訥	希璘	與樞	孟淮	

贈武節大夫令玥

子崇　忠翊郎子璘　子瓈　子琮　武節郎子瑀　子璟

伯淵　伯浩　伯彥　伯濬　伯仝

師詫　師獲

希琿

與岃　與峉

昭信軍節度使兼侍中、英國公惟憲	金州觀察使從郁	南康侯世奕	左班殿直令煥	
			右班殿直令辛	
			太子右內率府副率令恢	
			太子右內率府副率令譮	
			贈黔中郡公令	贈慶遠軍節度

楡														
使子西														
伯立					伯才	伯正	伯直							
師孟	師楊	師荀	師莊	師顔			師蠡							師成
							希涑			希儀	希准			
							與瑇		與玕	與珍	與瑝			
							孟鏞	孟銔	孟樏	孟𣲘	孟鏓	孟鈂	孟鐶	
									由价					

			西頭供奉官子晉	武經郎子畺							
	伯國	伯興		伯通	伯達	伯逵					
師孝						師嶸	師栗	師翮			
						希澈		希驥	希聖	希需	希瀼
						與讜					與誶
						孟培					
						由銑	由鏉				

			師蓳			師范				師蕭				師融
			希東			希衝				希轅				希晨
與諭	與謕	與訒	與譔	與[言西]	與讕	與譀	與諰	與譂	與諜	與滮	與譒	與謏	與話	與誧
												孟塹	孟壙	

				從義郎子亞			贈承事郎子霖					
			伯适	伯蘊			伯華	伯慶	伯莊			
				師穮	師褚				師孟			
				希瞻	希歐				希遻			
與訒	與誦	與詍			與俌	與倘			與丞	與至		
									孟瑨	孟[illegible]	孟流	孟浵

													希惡	
與圭							與壹	與仝			與丙		與勤	與勛
孟洶	孟漣	孟洸			孟瀓	孟沖	孟浦	孟琜	孟瑅	孟玟	孟瓌	孟瑧		
		由鑰	由鏓	由鉅										

	伯茂					伯英								
	師斆					師荀								
	希澤	希淵				希申	希宰				希牟		希丰	希龏
與飭		與位		與脩	與儋	與泰	與瀿	與溥		與瀚	與依			
		孟阡	孟阧		孟適			孟輇	孟轢		孟澴	孟灉		

														太子右
											贈右領	軍衛將	軍令闓	
師檜						師瞳								
希向						希駒								
與份		與佣		與偉	與僁	與砎		與允						
孟遒		孟達				孟遷	孟逖	孟玘	孟佻	孟弼				
由沐	由湸	由渝	由旃											

司御率府率世褒							
華陰侯世將	贈順國公謚良恪令璀	秉節郎子涌	伯仔	師良			
			伯伸	師翬	希訂		
		承議郎子渲	伯仁				
		累贈正奉大夫子洤	伯伏	師楓	希旹	與滲	孟鏖
						與逍	
						與還	孟鋋
					希春		

									伯儒					
	師旺	師房							師祺					
希箵		希宓	希超	希晉	希鍼			希舜	希趙	希足			希越	希楚
		與訫		與驊	與驢	與䅎	與胙	與誶	與則	與賞	與賀	與賓		
					孟鏝				孟濚	孟燾				

伯伊														
師邦										師要				
希博	希茂		希轗	希晥		希鏵	希鐍	希迬		希介	希寮	希鞾	希窸	希緘
	與澂	與豐		與杼	與椿			與椸	與畯				與昭	與睷

		伯備											伯俟	伯游
		師陽				師翃								師稹
希悊	希彝	希竉	希鼎	希昂	希導	希擔				希瀹	希忕	希惈		希蚮
				與慤		與杰	與槩		與榱			與榭		與迣
						孟垺	孟桶	孟坾				孟煊		
												由儓		

												武翊郎	子浩	
			伯保				伯僼						伯佐	伯倜
		師科	師楡	師棟		師屼	師裴	師誼		師壘			師旦	師古
	希墱			希竚	希竢			希悏		希惺	希怲			
與檁					與庿			與沛	與漆					

			子棨改贈奉直大夫									
伯信	伯伋		伯儀									
	師曜		師訓				師讞					
	希垟	希堙	希楧				希覰					
	與鑫	與但	與爽			與夼	與祓	與祺		與禛		與嵷
			孟得	孟漇	孟渘			孟祫	孟槵	孟榦	孟樋	孟梓

			伯俯	伯儇										
師諜		師詳	師詮					師諞				師証		
希璭	希錀	希銘	希鈞				希兖	希覿	希琀	希谿		希鉷	希杭	
		與礿			與祰	與裔	與特	與機	與渥		與湉	與濬	與禨	與禑
						孟潡		孟璐	孟櫂			孟濯		

												贈馮翊	侯令聲	贈開府
						秉義郎	子桑	從義郎	子欒	忠翊郎	子瑩	三班借	職子昌	
			伯阡											
			師諒											
希玏	希瑄	希墉	希老	希冕	希玩									
與祻	與禘		與古		與衕									
孟嶒					孟穏									

儀同三	司令庇													
武經郎	子辨								左班殿	直子衍				
	伯成	伯稹	伯份					伯璆		伯昌			伯展	伯備
			師鈞	師鍇	師鈽					師顏	師孟	師文	師雄	
				希讚	希羽	希迋				希徑				

	右侍禁	子衡	武節郎	子衎			武翊郎	子術						
伯仁				伯益	伯悬			伯藥						
					師竑	師琱		師經						
						希鋮		希龍	希全	希曇			希翰	希斗
						與吕				與慽		與嶟		與沖
										孟顒	孟頡	孟順		孟顏

											伯昱			
	師皓										師澤	師曠		
希橚	希范							希芮		希融		希㬎	希穌	希滋
與琜	與鏌	與金	與鏓	與鍊	與釭	與鑣	與鏧	與孜	與敞				與象	
			孟濮											

	贈清源侯令格												
	武翊郎子潚												
	伯修								伯价				
	師旦	師誦						師請	師許				
希隸		希綽	希名	希巡	希愛				希簡	希雅			希廉
與儻					與略	與睄	與睢			與栢	與衮	與鏷	與托
											孟洪	孟江	孟褔

												從義郎	子爈	
					伯倫								伯寶	伯營
					師磻		師覃	師稷	師陳	師昉	師秘			師霓
			希德		希縉	希愕	希纓			希注	希懩			希郝
與愉	與竟	與誼	與爍	與戫										

										伯稷	伯賢			
		師鋼								師千		師錟		師霦
希瑜	希瑙	希瑱		希琨					希莆	希來		希秫	希囊	希宴
與楷		與法	與瓖	與璑	與柸	與棉	與杆	與杶	與柞	與超			與衢	

						贈太師、	成國公	令論						
			三班借	職子礵	子繡	追封秀	王、諡安	僖子偁						
	伯賢	伯牙						伯圭						
師崧		師玣						師夔					師揆	師垂
								希棌	希卬	希翺				希戭
										與愗	與恕	與点		與峕
														孟頔

											師禹			
									希古	希閔	希訥	希諟	希諗	希謙
									與文	與[illegible]	與[illegible]			與弸
孟頒	孟碩	孟頌	孟頩	孟顯	孟頮	孟籲	孟頛	孟顧	孟佹	孟璞				

太子右內率府副率世

師皐
師嵒
師彌
師貢

希憕
希怟
希特
希德
希悳
希徹
希徵
希贊

與癹
與裝
與柟
與䁢
與賀
與貫
與賁

秩	馮翊侯世觀		廣平侯世芬							
	贈博平侯令珊	右班殿直令淮	開國公令稷							
			成忠郎子忞	訓武郎子渾						
				伯俔		伯傑				
				師邈	師諮	師道		師還		師近
				希芮		希容		希客		希蹇
				與譁		與通	與巖	與諭	與堈	與詠

	伯㑶						伯儀						伯像	
	師灘	師瀸	師澄	師洤	師滇		師胃				師薔		師塤	師通
			希謂		希諆	希謭	希晏	希蓊	希岕	希咸	希星	希曼		希郕
與懅					與垈			與漝			與𤩰			
孟懨					孟泄									

					子確
					訓武郎子渾
		榮王從式	漢東侯世謨	贈馮翊侯令磏	三班奉職子傑
					三班奉職子遊
					左班殿直子祥
				贈屯衛大將軍令駒	武翊郎子恂
			譙國公世采	太子右內率府副率令	

杌	贈襄陽侯令祁													
	三班借職子禮	左侍禁子珪				修武郎子聊			武德郎子琥					
			伯榮				伯定	伯寧		伯祿				
			師讟	師椿						師潮		師淐		
			希憓	希雲	希選					希蘖		希栶		
				與師						與燆	與賛	與爥	與悔	

太子右內率府副率令璠

贈少卿、行都郡從義郎公令祛〔二〕

子先

伯禩

伯伸

師僊

師佐

師閶

希楧

希廣

希傪

與瓛

與琄

與瑱

孟遵

孟篴

孟邍

							左侍禁	子思	從義郎	子禾				
伯俊	伯俅					伯佺				伯傑				
	師言		師環							師謨		師輝		
	希頂	希頓	希櫝	希柢	希梏					希遠	希通	希達		希譓
										與洵	與固	與汝	與瀾	與恢
											孟瑰	孟陵	孟熾	

					忠訓郎子生								
					伯伋								
					師哲								
希諍	希噩	希詠			希綨		希純	希綽			希績		
	與鎰	與鎬			與遭	與辺	與遞	與籧			與逢		與逌
		孟槢	孟佺	孟袱	孟佇		孟潛	孟窱		孟宋	孟銀		孟鎘
					由浩			由亥	由斌		由庳	由珷	由瑑

				伯儔	伯佾									伯侑
	師竇				師韓	師石	師召	師啓		師唯	師嗎			
	希闊	希嚴	希郁					希揄	希揀		希撫	希提	希捧	
									與淯				與漟	
孟鐩														

	子告從義郎												
伯倫	伯倫												
	師灝												
	希琜						希玻	希瓛		希銅			
	與恁			與薏			與暄	與熅	與⿰火毛	與維	與纓	與紀	與綜
	孟⿱艹⿺辶昷	孟逮	孟逌	孟儕	孟偳	孟傺							孟瑋
	由磁	由⿰礻永											

從義郎

希逄

與恖　與意　與忘　與蕙

孟⿰王蜀　孟⿺辶雚　孟迅　孟迥　孟逾　孟⿺辶壬　孟⿺辶方　孟遒　孟⿺辶倉　孟⿺辶翟　孟⿺辶蒲

由琏　由珏　由玠

子彬			子傳											
伯祉	伯僅		伯偁											
	師賜		師烯											
	希鄧	希鄭	希陞							希德	希鐺			
		與陳	與鍰	與道		與鍏	與鐯	與鋌	與鑯	與銈	與河		與淌	與沆
		孟緆	孟坐	孟瓆	孟提		孟瑖			孟琳	孟銘	孟鏋	孟鏆	

					贈東平侯令晝								
				子璩	修武郎子行								
					伯棐								
					師均		師睦						
希淵	希有				希諒		希璹	希琥	希琬	希琚			
與銧	與道	與鍑	與钃		與鈁	與鉤		與諠	與諯	與詰			與謂
	孟稑							孟僘		孟侏	孟傳	孟鏜	

						伯檠								
						師僩								
希琅	希珝	希玗			希璃	希戚	希度	希逌						
		與詾	與訷	與誃	與請		與藴	與栐		與梱	與杋	與栟	與櫟	與櫨
								孟潢	孟溢					

								希戒	與蕊			
								希珝				
							師孟	希焆	與瓛			
								希礫	與玒	孟瓻		
									與珇			
						伯棨	師盛	希繢	與珋			
								希縹				
								希縓				
							師侔	希鼻				
								希畀	與瑛			
									與玷			
								希鄩	與鉑			
									與鐵			
									與鏋			
									與錋			

		贈武顯	郎子徊											
			伯無											
	師覺		師古											
	希洧		希甘				希恭							
與鏥			與彥	與從	與哲		與禮	與韶			與𡏸		與琡	與瓅
			孟濊		孟潑	孟淲		孟代	孟徚	孟㣤	孟復	孟𢖍	孟玥	
					由衡								由似	

							師郁							師邳
							希逡			希邊			希遞	希迺
與堞		與埃				與瓁	與縪	與繕	與緻	與液		與總		與遂
孟鐵	孟鑣	孟穮	孟穗	孟秅	孟稷					孟柖	孟檯			孟銳

										贈馮翊侯令任	
			秉義郎子徽			修武郎子修				右班殿直子愿	從義郎
			伯澡	伯臬	伯棠	伯棨					
						師敏	師澈	師致	師思		
	希免	希[illegible]				希稼					
與篷											

											贈東萊侯令璋
子慹									保義郎子憙	從義郎子懃	三班奉職子元
伯珍			伯玿				伯瓊	伯琜			
師滌			師道	師疇							
希連	希逑			希能	希饌						
	與塤	與儷			與澡	與激					
	孟珒	孟俔									

													子京 忠訓郎
												伯泙	伯玕
				師詁	師讙						師訦	師郏	
	希宙		希宬	希況		希漸	希勃	希滂			希洎	希掀	
與鉼	與釲		與椯			與耕		與敀	與畯	與呲	與櫚		
		孟過	孟灑			孟野			孟晥	孟珵			

	師崿				師詡	師託		師籍						
	希晤	希駿	希惔	希巚		希鐻	希鍩	希璠			希於			
與鑽	與柠	與勝	與瀨				與徯	與一	與杲	與果	與槃	與棗	與檞	與枇

忠翊郎子卞
子整
保義郎子襄

伯朋
伯明
伯晛
伯䀎

師信
師嶢

希玑
希璽
希玜
希銛
希鍾

與校
與椯
與欒
與梟
與浦

右侍禁令瑹	左侍禁子術										
	保義郎子正										
內殿承制令懥	從義郎子庚	伯熙	師仝	希泰	與棄						
					與栥						
					與柒						
			師咊								
			師松	希泳							
			師貫								
	忠翊郎子辛	伯佑									
		伯僅									
		伯儀									

子挺					子應									
伯諸		伯謀			伯舜									
師侶	師寓	師宥			師儁					師顗				
		希活	希滋	希濼	希鄑			希鄗	希邸	希飾			希錄	
					與宿	與寗	與宿	與宴		與瓁	與瑕	與玔	與垟	與培
						孟鑛	孟鑼							

													伯先	伯律
														師室
希釪			希鐩			希鐗	希鍊	希鋋			希韡	希鈑		希錕
與珊	與琊	與勸	與弦	與宴	與寗			與晦	與睞	與睤				

				伯穆										
	師求	師寰	師宬	師俯		師儐				師儷				
希鏈		希錀		希綍		希篔		希籈	希筅	希坼	希珜	希沖		
				與鏑	與錄	與苯	與蒜					與祐	與褠	與禝

左班殿

伯南

師俸　師偬　師儲　師俛

希誕　希逢　希會　希篴　希邅　希[illegible]

與宮　與害　與添　與汴　與籛　與漉　與微　與洟　與溏　與湔

直令馱	左班殿直令騰	武翊郎令鯀						
		承信郎子游						
		伯安	伯迢					
			師度	師萃				師升
				希瓏		希瑀		希琅
				與訓	與⿰言祭	與詒	與⿰言酋	與⿰言由	與諄	與⿰言尃	與⿰言畢
				孟寰	孟賓	孟寯	孟實	

				伯迵										
	師炟	師攄	師愷	師慇	師忑	師悬					師蕊		師[illegible]	師忥
希瑆						希儢	希伈		希腴		希但			希膴
						與珽	與波	與潔	與榿	與楒	與敉	與軴		

楚國公世恩				
贈惠國公令勔	武翊郎令稻	敦武郎令劃	武翊郎令瑨	
從義郎子烟	追封秦國公子	子渙		
伯瓌	伯琳			
師建				
希沍	希楏	希潪		

榧	右侍禁	子機							子詳	贈博州	防禦使	子祇	子祐	修武郎
		伯琬	伯源									伯澄		
		師禔	師勝	師忩			師該							
				希馴		希駘	希銆							
				與誅	與讀		與鈁	與徛						
				孟福	孟櫝		孟偣							

子禬					秉節郎	子禧								
伯牧						伯瑞								
師怡	師悾					師詔			師嵓					
	希璭					希攸			希軿					
	與財	與時	與眭	與朊		與櫖	與植	與橺	與邁		與遒	與迂	與巡	與諸
									孟浟	孟濟	孟昝			

								從義郎子祺					
								伯琛					
			師謹					師便				師甄	
		希輻	希瑫	希玳	希琈	希軏	希翬	希喜	希覗	希倚	希繹	希履	
與透	與邅		與傪	與亶				與洤			與瑁	與儆	與伏
								孟僧					孟忌

				伯英										
	師衎			師役			師旋					師遨		
希貯	希貞	希貸	希顧	希資	希鈺		希瑥	希警			希囂	希譬		
						與瀝	與𣹟		與鏋	與洇	與址	與見	與遯	與儈
													孟錫	

					東頭供奉官令璆			武經郎令勸
			子振	保義郎子禍	贈武翊郎子奎	從義郎子圭	從事郎子桂	承節郎子琰
	伯裳				伯楧			
師徐	師盡	師衙			師民			

武翊郎令覿														
秉節郎子臻														
伯一														
師棨	師諸								師詩		師謜			
	希姍		希妍			希嫣	希嫤	希婠	希護		希漌	希洔	希濼	
	與楪	與鐮	與鈐	與鍻	與鋪				與訜	與譐	與鐎		與鏷	

右班殿直令居	武翊郎令珸	右侍禁								
成忠郎子珏	忠翊郎子琬	子祿	子禨							
伯諄	伯埏	伯盛	伯方							
師櫃	師庚									
希溥	希洁	希濈								
與僚										

	遂寧侯從湜					
	太子右內率府副率世文	太子右內率府副率世覺	崇國公世壤			
令剔			右侍禁令椝	右侍禁令杓		
				秉義郎子撞		
				伯仲		
				師長		
				希點		希見
				與佪	與像	與傃
						孟至

							秉義郎	子璨						
						伯強		伯俊						
								師永						
					希詮			希晉					希鏗	希幾
與傶				與侶	與伍			與歆		與築	與挂	與恰		與輅
孟整	孟坐	孟壘	孟墼	孟鑾				孟有	孟在					孟博

						右屯衛大將軍世契		
			忠翊郎令諦			右監門衛大將軍令振		
			成忠郎子霅	保義郎子寓	忠翊郎子審	三班借職子旻	成忠郎子毅	保義郎
				伯滄	伯倂			
					師夰			
與羲								
孟悌	孟恬	孟㥠						

燕國公	從賁			
太子右內率府副率世求	太子右內率府副率世者	漢東侯世訳		
		武節郎令逸		
子眞		忠翊郎子壽	成忠郎子鑄	
			伯祐	
			師和	
			希懍	希愧、希憿
				與伳、與採

							子石				子爇	修武郎	子璹	
			伯禮				伯璋	伯瓊	伯居		伯琦		伯珪	伯瓅
	師穆		師顏						師剛	師大				
希忆	希懵	希惍	希旌	希旗	希斻									
與滕		與掾												

				從義郎	令湋									
			子禱		子俊									
伯玶	伯瓃	伯珦			伯祿									
					師圭									
					希極		希榎	希榯	希椆	希櫅	希校	希椳	希棉	希楷
					與昀	與瓆								

	伯福	伯初		伯祲	伯褋									
		師琢	師琪		師琠						師玘	師瑽	師琩	
希榴			希棏		希棆						希樟		希柜	
與磃			與濼		與洧	與汧	與潟	與瀯	與瀛	與漻	與汧		與麗	與遴
					孟嚼		孟鏄							

						師玒				師玢				師琙
希橙		希櫂	希杙		希欄	希櫰	希根	希桷	希橘	希錆			希鉽	希料
與炅	與爨		與烣	與炷		與爁				與潺	與逵	與濆		與迦

					右朝請	大夫令	葴							
			忠翊郎	子傑	累贈通	議大夫	子鼎							
				伯禃			伯岦							
	師瓛	師瓆		師篱			師岂		師嶠					
希樵							希唯	希嗈	希弇	希龏			希臬	希庳
與蒁										與咮	與植			
											孟榛	孟櫅		

師	師嶅				師喦	師崧					師崋				師岩
希	希顗	希喆		希昌	希彧	希嘿			希呐	希呻	希噂	希淝	希汻	希漊	
與	與鍗	與釧				與璹	與瑲	與珦						與傷	
孟		孟溢	孟澌												

										贈武略	大夫令	𣪠		
											秉節郎	子元		
	伯抃			伯櫟								伯芾	伯艾	伯芊
師岕	師秮	師畄	師岑	師崟	師嵴	師崘								師壤
		希收	希机		希柴	希欒	希櫪	希棨	希檬					
						與垳								

子文				
贈武功郎子立	伯莌	師需	希瓛	與漁
		師佰	希瓏	
			希⿰王旁	
			希瓘	
	伯蔚	師退		
		師馨	希鐮	與⿰礻同
		師才		
	伯荀			
	伯悳	師勉	希琕	
		師勅	希憝	
			希峻	
			希峼	
子充				

忠翊郎							
子彥	伯蒖	師玐	希鉅				
	伯華	師託	希鑌				
		師墄	希鍢				

校勘記

〔一〕贈少卿行都郡公令祛　查本書地理志無「行都」郡名。本表所列宗室封爲信都郡公者屢見不一，此處「行都」疑爲「信都」之訛。

宋史卷二百二十三

表第十四

宗室世系九

集慶軍節度觀察留後、南康郡公惟能
保靜軍節度使、同中書門下平章事、遂寧郡王從古
右領軍衛將軍世邁
太子右監門率府率令昶　贈信都

									華陰侯	世瑞				奉化侯
郡公令	誽								贈右武	衞大將	軍令騶	武經郎	令郿	贈武功
訓武郎	子儀			右侍禁	子僎	子修	修武郎	子倈		修武郎	子惇	保義郎	子攸	
	伯卿	伯彥	伯和		伯祥			伯郁						
	師仲	師冉	師舜		師儱			師雄						
		希朴						希沮						
								與鑽						

世儔														
大夫令檜														
成忠郎子忠	修武郎子寔												加贈昌州防禦	
	伯度											伯廱		
	師文							師來	師猷	師愉				
	希槐	希籢								希鉹				
	與葚	與稑	與稠	與佽	與鄧	與郤								
	孟濤				孟悬	孟懸	孟熹							

使子舒	伯廣	師驥	希棻	與洌	孟森
				與增	
			希旦	與徯	
				與岷	
			希栵		
		師再	希棓		
			希遯		
	伯廓	師宰	希烱		
			希籀	與潔	
	伯扃	師冏			
		師澣	希積		
			希栟		
			希楣		
			希杆		
忠訓郎					

子賓											武經郎	子察		
伯康	伯庸											伯庚		
	師𨇾	師寬										師正	師全	師迣
		希輪				希轀	希⿰車栗		希輇				希得	
		與仍	與儆	與俒	與僞		與佬	與住	與倘	與⿰亻無			與意	
		孟□												

						秉義郎子宏							
	伯汪					伯廉	伯庥						
師榮	師棶	師禮				師好	師憲			師璮			師球
希淳	希衎	希標			希作		希淵		希宧	希滐		希溥	希汘
		與陛	與隋	與阡	與墜		與沃	與种	與壖	與衙	與祥	與儀	
							孟延		孟熑				

	武翊郎	令庶					敦武郎	令⿺辶亞						
	承信郎	子愈	武翊郎	子舒	承節郎	子察		子惠	子俊	從義郎	子修			承信郎
伯庲											伯嶧	伯袠		
											師琊	師僔		
												希錟		
												與洑	與濎	

				平陽侯世法			
武節大夫令軽				右班殿直令熏	中大夫令昷		
子倈	從義郎子宜	成忠郎子密	訓武郎子晏		迪功郎子繪	承信郎子綸	忠信郎
	伯燉		伯涔				
			師淤				

		武功大夫令遷										
子黻	秉義郎子綱		贈奉直大夫子忱									
	伯容		伯瑄						伯琮	伯璸		
			師辯		師實		師顯			師昂	師銚	
			希雷	希靁	希輝	希塗	希相	希梋	希棋	希膺	希玫	
										與潾	與薵	與蕭

		贈武義郎子恢										秉義郎子愉
		伯輝				伯戣	伯翃			伯璲		伯璉
		師倓	師鐩		師埏		師神	師埴	師臻	師圓	師圄	
希峕		希芝	希昡	希課	希橒							
與穮	與蘋				與藡							

					贈右朝散大夫令刋						
					左朝奉子紡						武節郎子繹
伯捧	伯琡				伯虎	伯彪	伯⿰石虎	伯⿰歹虎	伯□	伯惠	伯慮
師敉	師忩	師幵	師勰	師恚							師直
		希鑽									

伯虘				伯虛					伯訶					
師中	師覿	師罕	師鄰	師豐					師璐	師憨				
			希燕	希認	希讃	希諦	希誎	希試	希溱	希榔		希棒		希棡
						與儞		與倍	與垿	與漿	與槐	與畬	與畓	

							武經郎子綜							
			伯𢿱		伯敵	伯𧇠		伯虛			伯膚	伯彪		伯處
師髟			師烝					師鏐	師譽		師陵	師惀		師褎
希灟	希禧	希棩	希滏	希濼					希靇	希黴	希備	希琗	希玨	希伉
	與倛								與排					與塰

右領軍衞將軍世潤

右班殿直令玎　西頭供奉官令倮

子純　子績　訓武郎子紼　子溫　子孚　承節郎子闓

伯虩　伯贙　伯礐

師炳　師焆

希潕　希橼

與鑄　與燾

	崇國公世設						
	左班殿直令泌	右侍禁令譏	西頭供奉官令熩	贈武翊大夫令銳			
成忠郎子偲		子其	保義郎子奇	修武郎子靜			贈武經
伯慶			伯賢	伯隆	伯漴	伯通	
					師涴	師亦	

										武翊大夫令玓				
大夫子蘐								保義郎子靖		秉義郎子懌				
	伯陝			伯防	伯阡	伯陵	伯陪				伯洣			
	師銘	師坐	師濬			師廉	師邽				師諆			師諫
											希葆	希翮	希樗	希璩
														孟柜

忠訓郎　子愷　子懷　子鼎

伯沂　伯書

師闇　師諄　師桷　師楠　師楊

希瑢　希璹

與俱　與儁　與岱　與㑤　與澗

孟枌　孟櫰　孟棱　孟椆

				忠翊郎令奕	子高							
					子仁							
				修武郎令矧	子崇	伯璜	師佋					
							師偰					
						伯琪						
		瀛州防禦使、河間侯從□	太子左清道率府率世期	贈馮翊侯令譔	追封房陵郡公子崇	伯達	師溫	希璦				
						伯逢	師彧	希景				
								希勳	與德	孟醴		
										孟醁	由傛	

									伯夔	伯逃	伯□	伯彥		
								師暉			師禼	師顔	師閔	
希勤													希珏	
與賢			與直		與智		與濇						與恭	
孟深			孟瑄	孟琪	孟瑎	孟璩							孟永	孟德
由欽	由鑑	由鍾												

											子駟			
										伯𨗴	伯迴			
											師俊	師原		
		希珮			希瑛							希闇	希頎	
	與惠	與命			與奧		與珙		與樂				與珌	與琢
孟貴	孟汾	孟淑			孟爲	孟珍	孟鏞	孟鍾						
		由詩	由誼	由言										

追封建安侯子　瑱

伯遷

師遺　師履

希闔　希傳　希俾　希徠　希徇　希俗　希傜　希傲

與瑝　與鎌　與暽　與噤　與晈　與㬇　與瞻　與曖

伯述														
師文	師欣		師禊				師禑							
	希秤		希硂				希璣							
	與採	與折	與轗			與軌	與微		與繇			與待		
	孟𢈪		孟迬	孟澮	孟瀰	孟灠	孟儈	孟陃	孟儐	孟侒	孟倯	孟儓	孟仛	孟俸
	由仩													

									武節大夫子莊				
									伯通	伯輝	伯修	伯仁	
												師斅	
	希指					希悚						希褣	
	與渝		與僊			與僾	與徽	與徥				與型	與龍
孟儹	孟暘	孟偕	孟㐻	孟僔	孟儫								

												子禮		
		伯倫										伯賢		
	師闐	師釤										師道	師誠	師舉
	希祖	希琫			希閱								希灑	
與耑	與鏈	與麟	與甄	與壉	與滂		與衵	與暶	與曜					
			孟逯		孟琗	孟璔	孟瑒	孟玣	孟煇	孟燑	孟燱			

					吳興侯	世經								
					贈榮國	公、諡恭	敏令穰							
		三班奉	職子養	子裳	太子右	監門率	府率子	並	三班奉	職子奇	三班奉	職子章	右監門	衛大將
伯堅	伯權		伯買											

軍、領貴州防禦使子㠑

伯釪

秉義郎子竢

伯瑆

伯洸

再贈朝奉郎子竫

伯瑊

伯琇

伯玉

師助

師勔

贈彭城侯令松

訓武郎子端

三班奉

職子鍝	修武郎	子博	從義郎	子娖	成忠郎	子埭	武德郎	子竦	武經郎	子倲
伯忎	伯懇									
師孟	師玔	師武								
希㟢	希璨									
與葑	與蕙									

	伯思									
	師雄		師旨							
	希罕		希育				希壹			希懋
與蘷	與僙		與鏇			與碱	與沾	與逡	與灌	與𨗨
	孟釗	孟鉚	孟璉	孟篁	孟堅					

與津	與澟	與鐈	與浥

訓武郎子宏				與簣
				與箄
				與簾
	伯悆			
	伯思			
	伯惠	師萇		
		師諆	希杲	與瀆
				與晉
			希端	
		師儒	希咊	
			希穊	
			希穆	
			希稔	與煇
			希穉	

					贈清源侯令籥						贈和州防禦使
					承義郎子竘	武節郎子巇					修武郎
		伯愿	伯愈	伯忠		伯易				伯暢	
	師[illegible]					師孚	師獻			師仍	
希秫							希鐵	希塚	希焰		
							與袖				

令勷														
子卓													從義郎	子意
伯璿	伯璣	伯瑑										伯玠		伯瑰
		師圖					師白							師軛
		希溙	希泎	希濡			希鏜	希鐬	希釧		希鈉			希武
		與潕		與稜	與楷	與櫨	與怩	與燰	與照	與㸂				
							孟湰							

			贈果州團練使子彥									
		伯琮	伯玫	伯璑				伯璩				
				師轃				師淳			師灝	師淪
希威	希戩			希棨				希楙	希郴			
				與迤	與送	與迹	與還		與烋			
									孟鋻	孟鋊		

	伯璉													
師潞	師軻	師輅	師轄			師軏			師轓					
	希泄	希迏	希迨	希遷	希這	希迕	希洵	希迢	希遃	希邐	希⿺辶象	希迪	希⿺辶藿	希延
							與霣				與雯			

						右班殿直令蓁	贈武德郎令語					
							武德郎	子[女享]			子嫈	忠翊郎
			伯琦					伯璘		伯琳		
師軾	師軼	師輕	師訪	師訜	師[言余]			師諶	師厎			
	希遾		希[斤灬]	希鬳					希贊			
									與佟			

太子右內率府副率世略
東陽郡公世復

太子右內率府副率令四
贈彭城侯令逭

子翊　秉義郎
子新
子幸
子彥　從義郎

伯琄

師稱

希儹

與祉

太子右內率府副率令珠
右侍禁令涔

子密
承信郎子安
子俁
朝散郎子紳
秉義郎子純
秉義郎子紀

伯和
伯扣
伯楫

師運

希堈

與諺

孟曈

武經郎令宁

朝散郎子紳

伯相

師迨　師述　師逢　師遼　師遂　師逵

希種　希武　希稔　希仫　希伸　希穳

與誐　與謞　與該　與嚚　與留　與畬

孟瞻　孟暍

修武郎	子俅					承信郎	子倚							
	伯邀			伯迪	伯逌		伯戩							
	師川						師溥							
	希聲						希璘		希晦					希玲
	與枏						與曄	與曦	與曥	與暎	與晽	與暳	與暚	與瞟
	孟珂	孟珍	孟瑄						孟騰	孟膃				

秉義郎子純　成忠郎子仁

伯源　伯清　伯潤

師洽

希珃　希琖　希玿　希劦　希虓　希歷

與暉　與暭　與曀　與邃　與濊　與澮　與遽　與邏

孟鍹　孟鑲

		贈武略郎子傅							子晉	子倜	子攸	承信郎子傑
伯山	伯屾	伯崧	伯巖	伯崑	伯嵲	伯岌	伯嶤	伯崗			伯先	伯琳
	師迸	師永		師㶴								師澧
	希蒲											希熮
												與磐
												孟嚞

										伯堤				伯任
師濂						師洛	師淮	師藼		師肅			師歆	師行
希烴		希炓	希熑					希欘	希傜	希僴				希儕
與鈃	與儴	與閱	與餰	與餤	與浮			與有		與濬	與濞	與漯		與玐
孟塺	孟喆													

														子顥
		師詰			師勃		師久	師炵			師謍	師訃		
	希伉	希佋		希伍	希雋	希儁		希儌	希仡	希倞		希仕	希偎	
與溫	與琨	與漳	與圻			與熒				與琊				

				太子右內率府副率令相					
				贈汝南侯令琤	子康	伯倧	師昶		
							師鎮		
							師鋈		
					成忠郎子庠	伯頩			
					累贈中奉大夫子麐	伯虎	師席	希龕	
								希槢	與湋
								希播	

	伯養													
	師戚			師夓					師夒					
希樭	希蓮	希暹		希祜			希禨	希𥜽	希衿			希袵	希褥	
		與諓	與諰	與佸	與𠈊	與彿			與意	與悊	與懖		與怘	與憖
										孟華	孟襟			

						昌國公世豪				
						贈右屯衛將軍	令焞	右班殿直令浲	武德郎令蹈	敦武郎令踴
										子綱
				師夔	師賁					
希[礻㐬]	希禍	希[礻票]	希禪	希[尸乙]						
	與熑		與埨	與[亻㣇]						

						洋國公贈武略忠翊郎	世奬				
從義郎	令跋						郎令薇				
	子繪						子栱	子朴	加贈中大夫子校		
				伯端					伯瑮		
	師中	師本							師儦		
		希鄒	希卯	希煇					希籦	希遞	希逐
										與擂	與懍	與恮

								師傳				師倭	師偕	師位
			希迨					希鄂	希錄		希鍦	希銿	希隆	
與衿	與祦	與襛	與禴	與廻	與遈		與遒	與逌		與斗	與術	與際		
		孟靚			孟穡	孟楹	孟欒							

	伯璦												伯琪	
	師慄									師熑		師惟	師宲	
	希誴					希謀	希詡			希諤	希誘		希訪	希諦
與禎	與棠	與桴	與檬		與相		與演	與漢	與濬				與偖	
孟譚			孟鉤	孟鑊					孟墒					

									師懿					
希許			希譝				希諕			希坐				希絲
與遹	與遺	與澮	與㦃	與愅	與忱	與慥	與曦	與暖	與晣	與儁	與倯	與俾	與偪	
孟錭														

								伯价						
師叡					師恕			師明						
希該		希調	希譙		希譚		希讜	希乂	希過					希前
與蓮	與侊		與榅	與穋	與烋	與騏	與傿	與足	與榆			與檜	與櫟	與橚
									孟溱	孟泓	孟淮		孟汯	孟侍

						伯璘	伯珩				伯璠			
							師壄					師禬	師裯	師祊
	希加						希鐲			希側				希還
	與檏		與抦	與擨	與扛		與荄	與濮	與汀					
孟俊	孟烊	孟烽												

再贈奉直大夫 子楹

伯瑄 伯瑋 伯瑛

師巖 師偳 師啾 師暮

希□ 希嶷 希詒 希訶 希郟 希鄞 希鄱 希鄜 希鄯

與儹 與僕 與俚

			右朝請郎令芹								
	子楠	子梅	右迪功郎子鑄	保義郎子垠	從義郎子艮						成忠郎
				伯共	伯豫				伯玶	伯瑨	
					師汜	師鑛		師鎦	師侳	師錤	
希鄩						希瀸	希淴				

太子右內率府副率世名

子止

宋史卷二百二十四

表第十五

宗室世系十

太宗九子：長漢王元佐，次昭成太子元僖，次眞宗，次商王元份，次越王元傑，次鎭王元偓，次楚王元偁，次周王元儼，次崇王元億世絕。

漢王房

漢王、諡恭憲元佐
漢王、諡懿恭允升
韓國公、諡恭簡宗禮
贈眉州防禦使、通義侯仲翹
惠國公士蓊
三班奉職不傾

贈右屯衞大將軍仲髦 崇國公、諡義□

士競

三班奉職不慍

三班奉職不廑

右班殿直不間

右侍禁不匱

三班奉職不迹 善嘉 汝弼

保義郎不黨

保義郎不暗

惠國公仲軏

太子右內率府副率士綺　東平侯士穮

右朝議大夫不猛　訓武郎不狷　不毒　不啜

善琚　善瑛　善遵　善逑

汝櫧　汝杅　汝霖

崇禧　崇襟　崇視

必信　必攸

				高密郡公仲蒼				
	武德郎士邑		右侍禁士嚶	右班殿直士勸	右班殿直士錤	武功郎士庭		修武郎士亞
	不惑	不忒				不勇	不杰	不汲
善迷						善利		善懲
						汝慄		汝鑋
								崇德

			高密侯宗道								
			欽國公仲詹								
	成忠郎士如	成忠郎士鳴	華陰侯士貳								
			從義郎不昧								
善許			善信								
汝鈴			汝均				汝濂				
崇構			崇纛	崇沐	崇狆	崇猑	崇禮				
			必僩				必寫	必宷	必憲	必察	必賓

													善[木農]	
		汝嘐										汝仲	汝裒	汝褻
	崇栯	崇屇		崇町				崇畕			崇留	崇瀙		崇潒
必宏	必寘	必鉀	必鏥	必灑	必穩	必漊	必濤	必纖	必緬	必經				

右監門率府率					
榮州防禦使士詁	從義郎士啓				
忠翊郎不失	三班奉職不竭	不□	不竦		
汝裝	汝裴				
崇訏	崇湞	崇湊			

	滕王、謚恭孝(二)宗旦											
仲蘇	榮國公、謚安恪仲玘											
	贈左屯衛大將軍士佖											
	贈左屯衛大將軍不疑										武經郎不湎	
	善貸	善一	善及								善持	善良
		汝賢	汝方	汝作			汝爲				汝翼	
				崇傳		崇名	崇聖		崇喻			
				必蓬	必迎		必丞	必望	必譜			
				良諮	良誠							

									襄陽侯士歸			
									右班殿直不悔	忠訓郎不慓		
善振	善珍							善耐		善斷		
	汝亩	汝磋						汝磬		汝勛		
	崇异	崇途			崇逡					崇彬		
	必嘕	必講	必訝	必謜	必誠	必譹	必譸			必琥	必竢	
											良份	良僚

					汝章								汝選	汝熙
			崇篤	崇福	崇榮	崇祇				崇禋		崇[illegible]		
				必琁		必銘	必誼	必纘	必灤	必有		必伍		
良伷	良値	良倅					良涂	良俫	良濛	良沂	良溫			

							邠州觀察使士朁							
					承節郎不懌			武翼郎不驕						
									善積	善建	善衜			
汝佫		汝興		汝躋							汝昷			
崇倛	崇僇	崇邦	崇偲								崇[illegible]		崇穗	崇栻
											必泜	必澳		
											良摓	良柞		

					不厭	從義郎	不僭							
							善建							
			汝盅				汝寵	汝退						汝簡
崇枋	崇栢	崇稟	崇派	崇杆				崇迨		崇榑			崇楈	崇㮘
		必夾						必瑚	必璑	必煣	必埊	必援		必琁
									良軻					

不競	成忠郎													
			善明											
		汝衢	汝愿			汝汲								
		崇⿰王辱		崇邁	崇宕	崇迹	崇柝			崇⿺辶九		崇鏓		
		必坔		必備	必鐏		必琤	必鎈	必鍑	必珒	必泳	必漬	必璋	必瓏

					右屯衞大將軍仲寅				
		太子右監門率府率士琱	武德郎士泞		右屯衞大將軍士㠁				
不武	不虛		武節郎不傪		成忠郎不危				
			善确		善翬	善毣			
			汝泑			汝㑳			
			崇葳			崇麓	崇傅		崇侍
							必潗		必沿
							良安	良定	良賽	良棫

沂國公、諡敏□　仲淹

內殿崇班士彰

承節郎不溢　保義郎不悍　宣教郎不憤　承信郎不悱

善仕　善儀　善熇

汝爲　汝夏

崇皙　崇襄

必㬎　必昜

良㮶

				善佀	善僤						善侹			
			汝枳		汝蘭				汝蔡		汝舜		汝禹	
崇璧		崇枸	崇霸		崇暆	崇定			崇復	崇佇	崇晙	崇陵	崇忝	
必晷	必晨					必仝	必薰	必□					必璐	必珏

										汝有			汝萬	汝賓
	崇悆	崇奇	崇憲	崇恧	崇蕭			崇⿱宀来	崇罳	崇⿱敉心				崇遂
必⿰王夜	必⿰王區	必璉	必璔		必⿰王貫	必璁	必璇		必⿰王者	必這	必珖	必澢		

											善侍			
						汝达				汝𤼵	汝丞		汝遐	
崇滌		崇坑	崇鄒	崇日	崇由	崇啓		崇哺	崇噉		崇僼		崇熠	崇覲
必㻶	必玧		必禬			必楯	必枳				必質	必瀠	必萿	

太子右監門率府率士放
東頭供奉官士

不怯

善信

汝逕　汝辨

崇禾　崇[illegible]　崇屏　崇切　崇坙

必栻　必榛

	澧	不夸
		不倚
	武經郎士粤	不盈
		不肆
		不耀
		不怠
建國公、謚榮安仲浹	太子右內率府副率士輅	
	西頭供奉官士璃	
	右班殿	

直士鋓	左班殿	直士湅	右班殿	直士庫	從義郎	士覘						武翼郎	夫〔二〕	士廖	
						不佽					不貪			不藏	不清
						善碩	善嶺	善顱							善晲
						汝禮		汝嶟	汝呸	汝嶝					
						崇淑			崇桃						

					不濁									
善臚					善明								善輝	善盼
汝鏖			汝荃		汝砡			汝榜	汝椱	汝歸			汝槤	汝溫
崇磁	崇硍	崇礦	崇碖	崇磰	崇檏			崇屛		崇蹟				崇睹
					必玫	必玝	必琲	必徙		必誦	必諫	必潠		必槳
						良儉								

忠訓郎
士統

汝鏊　汝鈭　汝鏧　汝銴

崇惎　崇㥉　崇怱　崇惡　崇樬　崇楷　崇棆　崇惏　崇掾　崇憑　崇篻

必茷　必蕳

右監門	率府率	仲適	房國公、	諡良□	仲戡									
				右班殿	直士湉	武翼郎	士僅							
						從義郎	不訥							
							善舉	善獲						
								汝庚	汝亹					汝雍
									崇宥		崇察	崇康		崇害
									必邐	必贇	必逍	必睞	必朊	
									良壤					

								善孳						
	汝亶		汝膺	汝享			汝變	汝旖			汝旋	汝忘		
崇琔	崇審	崇宮		崇華	崇寰	崇家		崇衡	崇往	崇徥	崇旟	崇璸		
	必藹											必傢	必俱	必僂
												良傑		

									忠訓郎	不訴				
										善淵				
	汝於				汝故	汝濯		汝桎	汝浙		汝征	汝杖	汝枅	
崇項	崇鏵	崇鋓	崇鉾	崇鎗	崇磅	崇謙	崇譀		崇晼				崇華	崇彷
					必衢									必宓

											不詘	不訏		
												善仲		
												汝榣	汝櫘	汝檮
		崇諵	崇㥦	崇信			崇詮			崇孝				
必夰	必蹎		必疐	必啻			必害		必寓	必宧				
				良瑤	良瑢	良畯	良璸	良琊	良儆					

東頭供奉官士溡	中大夫士暾										
不适	右通義郎不莠										
	善蒼										善回
	汝齊				汝積						汝序
	崇峴	崇輔	崇弢		崇駿	崇驥			崇驎	崇檥	
		必寓	必宅			必棨	必鉘	必鐻			
		良標	良檥	良槁							

	從義郎不蕪	右通直郎不慕										
	善象	善宻								善璟		
汝宮		汝修	汝瀤	汝匳						汝弁		
崇燕			崇譁	崇祠	崇夰				崇弇	崇迦	崇迶	
必堬					必龍	必韶	必辭	必齡	必識		必倓	必俙

							忠訓郎	士歆	武德郎	士瞻				成忠郎
					不茹	不苛		不逸		不怍		不惋		
			善濤	善滂						善份		善掌		
		汝鄘								汝瀌		汝猗	汝徙	
		崇樵								崇涉	崇庸	崇權	崇⿰火業	
必⿰亻無	必⿰亻歸	必宴								必楀				

東陽郡公仲瑷

士衎　奉議郎士縿　武經郎士絇

不綷　不華　不忮　不恃　將仕郎不求　忠訓郎不越

善對　善革

汝居　汝知　汝湜　汝沆　汝浹

崇槩　崇亲

必埒

						武經大	夫士綸	秉義郎	士細	武翼郎	士約			
										秉義郎	不嵎			
			善訥	善諍	善譬						善㞞	善峕	善[illegible]	善楔
汝漕					汝焱						汝槻	汝椳		
崇柴	崇橐	崇杲									崇騆			

贈少師、太原郡

奉議郎

成忠郎

善萱　善畣　善墢　善啓　善渝

汝侵　汝傗　汝梴　汝探　汝栝　汝檻　汝椸　汝椈　汝棓　汝僕　汝沚

崇淘　崇歷　崇采　崇粱

必棣

			王仲琮	士斗	不吝				
					保義郎不疊				
				武略郎士申	武翼大夫不㪍	善峑	汝贊	崇伋	必鍱
							汝藻		
							汝複		
						善訬	汝鏠	崇穹	
							汝鈑		
						善諺	汝凿		
							汝楛		
						善庠	汝詻	崇轤	
								崇軨	
								崇輹	
							汝詎	崇柞	必埻

					不㬉武翼郎									
					善飭								善綮	
	汝譜				汝畢	汝絜				汝罞		汝綹	汝倈	汝綊
崇櫼	崇櫟		崇軑			崇坫	崇⿰王長	崇墶	崇堲	崇澧	崇逃		崇御	崇裳
	必纓	必綖	必僜							必鄉	必玜			

安康郡公仲仚					
忠翊郎士甫	左班殿直士丰	右奉議郎士禑	右班殿直士峮		
保義郎不競					
善𢍰	善鼑	善洇			
汝涝	汝僡	汝紃	汝繹	汝總	
崇垄	崇澴	崇流	崇賁		

漢東侯宗楷，贈少師、榮國公、諡孝良

仲皐

右班殿直士鑑　右班殿直士熾　秉義郎　士謀　房陵郡公士富

不動　三班奉職不晞　宣德郎　不愆　承議郎　不忞　武翼郎

										不惑	保義郎	不戁	成忠郎	不憖
		善損	善憐	善悌						善瀶				
汝飾		汝鐯				汝塚				汝墰				
崇潄	崇旌	崇襲			崇篿	崇簺	崇鉊	崇銶		崇鍈				
								必棨	必數	必愕				

贈左領軍衞將軍士品	武節大夫士閶				
忠訓郎不愍	右班殿直不悋				
善憐	善什				
汝昨	汝暄	汝矚	汝曜	汝堅	
崇汀	崇瀾	崇油	崇瓚	崇湍	崇戒
必僳					
良[illegible]	良偩				

							高密侯	仲侔						
武翼郎	士葆	武翼郎	士莅	東頭供	奉官士	咥	建國公	士極						
	不棄		不厭		承節郎	不漾	武義郎	不剛						
								善脩	善遷					
									汝霖	汝楫				
										崇賢		崇武		
										必漌		必浰		
										良滋	良浽	良浤	良鎡	良錢

						武翼郎	不貪	修武郎	不琦	訓武郎	不求	從義郎	不貳	右班殿
				善建	善治								善存	
			汝礪											
必渲	必浹													
良瓄	良琛	良琖												

	北海侯	士鱣												
直不擇	三班奉職不同		武訓郎不劌											
				善積								善從		
				汝惠							汝廣	汝規		
				崇囦					崇濬		崇[illegible]	崇昭		崇藩
				必騰				必方	必贊		必佈	必洪	必[illegible]	必全
				良倧			良価	良俌	良仕	良倲	良泗			
				友悬	友慈	友悌			友[illegible]	友愿				

									善與					
			汝肖						汝奇					
			崇恭		崇麗			崇洺	崇磋					
必建	必澰		必鉉	必樲	必法	必豪			必亮					必勵
良杵	良稟	良槼	良珊			良榹	良櫃		良瓖	良瑺	良珇	良璊	良璨	良週

								秉義郎不奪	不還	修武郎不懼	保義郎不懈
								善綧			
						崇磧					
必祥			必侃			必僭	必載				
良适	良璡	良瀅	良濮	良汛	良淵		良玧				
友偕							友曖				

			武經大夫士晉	西頭供奉官士聞						
保義郎不蹶	不忮	不劌	保義郎不怠	保義郎不敏	不回	不溢	不侮			
							善逯			
							汝[illegible]			
							崇焄	崇薏	崇悉	
									必歷	必塈

		善迪	善逃											
			汝賓											
			崇羔	崇儂			崇佂		崇侚	崇傓	崇僟	崇仍		崇儈
必□	必陻			必闡	必闇	必閣	必閨	必閱	必闌	必闟		必[illegible]		
良[illegible]	良茌											良鑽	良鉡	

									贈左屯衛大將軍仲參	
				右班殿直士渤	從義郎士朋				洋川郡公士傴	
					不沫		承節郎不危		武節郎不器	
						善閫	善閏		善祥	
汝瞜							汝墮		汝璀	
崇滂		崇傂	崇併				崇(亻發)	崇偦	崇臯	
必闔	必闒								必得	
									良簡	
									友偓	友僃

					崇節		崇愿		崇遜					
			必慶	必豫	必茂	必奮	必行	必衞	必親	必伸				
		良鍼							良壐	良淮	良漙	良池	良維	良濯
友保	友芠	友萱									友讀			

								崇悊			崇□			
必濬			必召		必張	必恪	必瀷	必共	必貫	必□	必□			
良煊	良熔	良凭	良寰	良澍		良濰		良伺			良復			良倖
											友□	友□	友□	

											善元			
											汝一			
											崇遵			
必賜	必賦	必晛			必睬	必賑					必睭		必悅	
良儲			良僐	良任	良偕		良佺	良侁	良偩	良儀	良儼	良僅	良保	良伻
							友詡				友識			

	崇彰										崇信		崇秀	
	必和				必嘻					必治	必忠	必知	必賢	
良侶	良玠	良珼	良琰	良璝	良福	良鑄	良湶	良⿰土爵	良埭	良檯		良⿰王巽	良儁	良偘

武顯大夫不習

善穀 善嘉 善時 善世 善謙 善頤 善順 善履 善益 善良 善俯

汝綽 汝動

崇仁 崇仕

必琦 必瓈

良伉

							汝達						汝鶚	
崇任							崇善	崇璣	崇璋	崇玒	崇琳	崇鉦	崇運	崇造
必濡	必涓			必洽	必濾	必漄	必烊							
	良琉	良墫	良瓙											

							右監門率府率仲晊		
						士珵	贈中奉大夫士許		
贈朝請大夫不憂			不慮	儒林郎不𢥞	不器	不囂	朝議大夫不韋		
善淵							善應	善廣	
汝徖		汝弼						汝孳	
崇讜	崇顥							崇表	崇裓
									必鐳

							贈少師、	景國公、	謚孝恭	仲廖				
			右班殿	直士暇	右侍禁	士趨			華陰侯	士贛				
									右班殿	直不慭				
	善僊									善武		善慤	善淵	
	汝萌	汝暐								汝淋	汝爲		汝澄	
崇堦										崇懃	崇德		崇像	崇祚
必鍒														必仞

											三班奉職不愚		三班奉職不愬	
		善恮						善約						
汝湄		汝忖	汝栻	汝璐			汝怌	汝瀦	汝渥					
崇珂	崇寧	崇道		崇灆	崇齡	崇熣								
必鐸		必徑		必埰										
良壢														

武經郎	不憖	從義郎	不晢	贈武德郎	不慾							武翼郎	不息	
					善結	善蜎							善皓	
						汝皐		汝亮	汝瓔	汝戮	汝戟		汝表	汝谷
						崇曒	崇盅			崇徨				崇琗
							必栨							必鏦

												善赴		
			汝禮		汝韓	汝參	汝宜		汝偦	汝頤		汝睦	汝愷	
崇玐	崇瑨	崇瑓	崇扚	崇搮	崇摇		崇珶	崇駧		崇矌			崇璕	
必党	必掌				必湷					必玑	必奄		必灩	必河

					右班殿直士中		修武郎士傃							
							保義郎不偕							
								善暮				善濃		
								汝導			汝嶬	汝誧		汝告
崇瓔		崇珤	崇熛	崇鉞				崇澧	崇游	崇澳	崇季	崇鏩	崇迠	崇賛
必億	必便													
良錡														

		贈朝散郎不武												
		善卞						善濩						
		汝袠	汝的		汝頔		汝爕	汝勉	汝斐	汝敎	汝敔			
崇貿			崇埲	崇壔	崇遯	崇迸		崇坐			崇垓			
			必釭	必鏌							必鋅			必鏋
											良霧	良雩	良霖	

														左班殿
									不償	不佞	秉義郎	不櫄		
		善源				善澈	善澮	善沐				善喦	善退	
		汝志	汝□				汝勳					汝弃		
			崇增											
必鉻	必鎏		必鉊											
			良震	良霤	良雩									

直士侍	不競
右侍禁士儆	
從義郎士僚	
敦武郎士例	
從義郎士倎	
武節郎士儀	
右班殿直士僐	
修武郎士偓	

遂國公、謚□密宗愨

金城侯仲冉

榮國公、謚良靖仲處

右班殿直士璐　東頭供奉官士愰　東頭供奉官士樵　承義郎士䁖　右班殿直士玐　朝請郎士忖

														漢東郡
					仲涵	高密郡	公仲爲							婺國公、
武翼郎	士惇					右侍禁	士譒	敦武郎	士訽					太子右
承信郎	不傑			不佹					不率	保義郎	不俳			
	善鍊										善逷	善諀	善訃	
	汝能		汝汧											
	崇蘢	崇菖	崇褒											

公宗回
謚孝修　仲革
監門率　府率士　對　洋川郡　公士縱
不求　保義郎　不漬　武經郎　不漪
善特
汝勝　汝勔　汝烜　汝傈　汝倦
崇託　崇誦　崇揗　崇鍺　崇鏳

武節郎 不愚

善璧

汝僼 汝儋 汝鑒 汝瀿 汝裯 汝秀

崇□ 崇靖 崇壙 崇鍠 崇坏 崇墒 崇墟 崇㙛

必恭 必新 必𤏐 必熆

良訪 良諻 良謹

友楷

	濟陽侯	士憑											
三班奉職不矜	武翼郎	不息											
		善淵											
		汝欿		汝□						汝季			
		崇經	崇橙	崇豥		崇珷				崇温			
			必溥	必禮		必紘	必紳	必綱	必紱	必鉼	必鍴		必誕
			良炤	良愉	良昊	良性		良惐	良恮	良標	良鏵	良枂	良欀

								博平侯	士證					
						成忠郎	不倨	忠訓郎	不掩					
									善咸	善長				
				汝弦						汝峕				
	崇瀷			崇楳	崇樅					崇儆		崇侑		崇仔
	必玽		必颿							必璒	必珈	必裕	必澡	必瑘
良櫾	良曜	良楹								良墂	良堝			

														善嘉
	汝講		汝塀											汝弼
	崇佀	崇伾	崇坑				崇墕			崇孟				
必□			必□	必熔		必微	必俉	必倨	必偵	必滴	必邈	必澫		
			良潔	良傎	良付	良泒						良碟	良磻	

善藏	善滕													
	汝鳴					汝功	汝言							
	崇郁	崇竦					崇櫸			崇絿	崇窶	崇壹	崇蓋	
		必曜			必晙		必浗			必錆			必汯	必瀐
		良皞		良鞾			良舒	良鉽	良翌					
		友鋋	友鏃											

													善從	善陳
								汝嚋				汝尤		
崇洤	崇霂							崇堅			崇新			
必珹	必瀏		必鑾	必榮	必凴	必泉	必驟	必錯	必鑒					
良德	良倈	良偎				良桀			良徽	良傜				

			內殿崇班士偑								
	忠翊郎不貪		承務郎不約	修武郎不紊							
善轂	善長	善達		善陣				善艾			
汝明		汝湴		汝漴	汝泳		汝□	汝藏	汝光	汝泝	汝賮
		崇伊		崇飭	崇溧	崇□					

				贈武經大夫士狆							
		贈從義郎不吝		贈通義郎不言							
		善豜		善鈊				善贇			
汝瓔		汝專		汝櫟	汝桱		汝樹	汝扐	汝勉		
崇黴	崇麗	崇琿	崇亥		崇儹	崇倈			崇僕	崇供	崇催
									必鋌		

忠翊郎不亦													
善儈													善暮
汝愒					汝簉		汝延	汝籧		汝遭	汝薳		汝百
崇惔	崇㦤	崇惿	崇㤈	崇慓	崇懌	崇憧		崇慖	崇怦		崇怙	崇懡	崇珕
											必漿		

	成忠郎不齊	贈朝散大夫不悻									
		善恭									
汝惟		汝玒									
崇量		崇鏐		崇釭				崇鎜			
		必瀧	必潔	必湝	必泟	必濤	必沼	必漨		必瀝	必溥
								良□	良礫		

汝玸				汝琜					汝琫		汝琯	汝瑴		
崇鐭		崇鍷		崇鉍				崇鎛	崇楙	崇淼		崇恖	崇慕	
必𣜬	必鎔	必泿	必汛	必桸	必楒	必杅	必棉						必臨	必涏
				良圻										

	善諰			善譯					善詅	善諳				善讜
	汝坶	汝⿱田聿		汝珄			汝瓆		汝瑠	汝琕	汝瓓	汝玦	汝⿰王東	汝玫
崇愍		崇碑	崇礐	崇鑄	崇⿱亞皿	崇⿱牀心	崇⿱隹心	崇悡	崇鏇		崇傯			

								右侍禁	士豨					
								修職郎	不忒	不矜				
	善譽									善速				
汝瑋	汝楧			汝榹			汝稽			汝侶				
	崇旂	崇劃	崇鼑	崇旃	崇旖	崇旝	崇斿			崇楠	崇栱		崇桂	崇榛
											必釪	必鋼		

												房國公、	諡信孝	仲洽
												太子右	內率府	副率士
	善道		善逑				善逴							
	汝儼	汝行	汝倖				汝佮	汝倨			汝侏			
崇栩	崇集		崇礽	崇貎	崇詭	崇譊	崇裉	崇邽	崇鄭	崇邸				
			必梲			必櫝			必權					

綜	太子右內率府副率士矖	建陽侯士瞻								
		武翼郎不諛								
		善鄰								
		汝英	汝邁						汝灐	
			崇弁	崇湯				崇凱	崇僉	崇燋
			必珝	必現	必瑊	必玙	必璐			必輳
			良柠	良棣						

贈武德大夫士惓

成忠郎不欺　保義郎不伏　不猍　不慮　贈正議大夫不壁

善招　善問　善信　善行　善仁

汝愕　汝复　汝蔭　汝桶

崇球　崇瑰

必遏　必遊

											善義	善嬹		
							汝承	汝及	汝闡			汝濿		汝肅
			崇琰		崇塈		崇登		崇傔			崇逈	崇鉞	崇櫄
必遨			必忩	必愻	必讕	必讘	必週		必遷	必柎			必愬	必憙
良儴	良傪	良□												

												左朝請郎不易	
			善示									善美	善水
			汝啓	汝敷				汝莊	汝蓧				汝瞻
崇燁	崇珌	崇楙	崇鏄	崇江	崇湁				崇璽	崇堅	崇璗		崇癸
必亹	必桼				必珚	必珞	必瑦						必察
良惢													良棍

武翼大夫士縱
左班殿

汝靜
汝是

崇㰘
崇扶
崇椲
崇棜
崇杼
崇棈
崇渠
崇鐾

必梁
必滷
必泑
必汜
必浡
必滏
必墅

		東陽郡王、謚孝憲宗悌				
		榮國公、謚修惠仲顗				
直士蓀	左班殿直士瑄	武經郎士諸	右班殿直士什	成忠郎士琨		右班殿直士諞
		承節郎不豫	不玷	不器	不嚚	
		善繼	善誠			

		潤國公、	謚恭惠	仲微										
秉義郎	士仰		博平侯	士執										
			武翼郎	不危	武節郎	不謐								
						善亨	善襄						善褒	善亮
							汝憲			汝菓				汝絅
							崇鹿	崇昳	崇慰	崇庭	崇意	崇扆		崇國
									必霝	必矖				必浚

榮國公、謚良士雷

三班奉職不懾　武德郎不懼

善曷　善廣

汝緈　汝誨

崇回　崇圃　崇圍　崇棐

必潒　必初　必炤　必爚　必杏　必烜

良埣　良埥　良增　良墐

										汝詑				
崇槮				崇欋					崇梏	崇榼			崇橦	
必灼				必燻	必熑	必燰	必熅	必熛		必遷	必燭	必烓	必燙	必哭
良漳	良演	良垓	良滸			良㙜					良堻			良埜

												不慊修武郎	
		善渭										善同	
		汝恭	汝惎	汝稟			汝棨	汝渠			汝彝	汝璞	
崇枹	崇櫨			崇爔	崇爌	崇燧		崇煒	崇焯	崇焟		崇俛	崇儕
	必熇							必璋	必綠	必緬		必衢	必彵

								武經郎	不怍					
			善章						善畢					善千
			汝蠡						汝傪				汝仗	汝侏
崇仛	崇俥	崇僬	崇佾				崇偁		崇衺	崇棐	崇褭			崇琉
			必暎		必咀	必瞛				必堦	必墀	必勵		
			良滗	良滓		良淦								

			通義郎	士耳											
			忠訓郎	不比											
	善十	善犖		善修											
		汝侳		汝拳											
崇旗	崇旟			崇爵								崇鑄		崇儔	
				必振	必迥	必遹	必遈			必遴		必遂		必逯	
					良情	良撙	良偭	良僴	良備			良佑			
												友容	友定		

			善皋	善輔										
		汝能	汝邵	汝傑										
崇溥	崇璹			崇峙								崇時		
				必計		必詠	必諭			必請		必誘		
				良駒	良駟	良駿	良銓	良鋁	良鐕	良椲	良栭	良檀	良朷	良窠
				友瓊		友玠								

高密郡公士諤													
太中大夫不惙													
善汝													
汝弼												汝忠	
崇秩	崇鼎	崇圾	崇如				崇綬			崇犇	崇上	崇公	
	必呂		必堣	必壃	必坰	必璲	必瑲	必傍	必玎	必施	必諄	必玗	必拆
			良知						良輳	良崋			良柩

				武翼郎	不惴									
			善洵		善鎡									善俏
					汝溱				汝寬				汝敏	汝霖
					崇仁				崇賢					崇振
					必槾	必梅	必橺		必何	必補	必袥	必襛		
良機	良樅	良槇					良鐩	良鏃						

										忠翊郎	不儺	忠訓郎	不慍	
				善伯					善修				善寓	
				汝昈			汝晥						汝賢	汝弼
崇揮				崇阮			崇阼	崇隄						
必學	必鏞	必鑠	必栖	必欄	必闉	必授	必伺	必偁						

		不傔	保義郎	不恪	承直郎	不欺								
						善最								
汝澂						汝慶								
崇儒	崇俊					崇諫						崇讞	崇咨	
						必瑞	必維		必綸	必約	必溶		必邇	必造
							良徵	良復						

				崇謚				崇記	崇講	崇訔	崇請			崇鷹
必遜	必淇	必淪	必嶟	必傚	必憋	必憙	必惣			必急	必𨑻	必㑀	必遡	
			良鐆							良榮				

								左侍禁	士暟	武經郎	士卬			
									不愚	秉義郎	不儗	不憎	修武郎	不慳
						善才	善淵							善遵
汝廈														
崇誼		崇詳	崇諤	崇⿺辶會										
必慥	必愉			必忱	必忻									
良徐				良待										

												士蘗		
										承信郎	不慚	不惴	不懈	不慍
善遷	善滿	善濾	善潡	善湧		善洐	善瀉	善滔	善淡					
	汝霞			汝霆	汝朁				汝磬					

		不怜		
		不棋		
普寧郡王、謚欽修仲碩	太子右內率府副率士匄			
	左班殿直士鼇	秉義郎不靳		
		修武郎不梲		
	宣義郎士仳	忠訓郎不間	善珍	
		不渝	善儻	汝勬
				汝後
				汝汨

		朝散大夫士嵺										
		武翼郎不必			不汚	贈朝散郎不淪						
		善硂				善昕					善明	善暲
汝莽		汝筍		汝昀		汝賡	汝舉	汝罙	汝廓	汝嶧		汝廡
崇檀		崇括	崇逭				崇倄					崇祏
必赫	必碬						必磋					

													善晤	
			汝廙				汝龐	汝席	汝庥	汝廱	汝膺		汝垂	汝撙
崇禮	崇禟	崇禞	崇⿰亻能	崇偪	崇倏	崇⿰亻鄉	崇鏘		崇陝		崇槰		崇璼	
	必琄				必淪						必葚	必点		

		善䁢												
汝摹	汝湅	汝霓								汝曠	汝霈	汝雲		
		崇遷	崇遄		崇琳				崇樀		崇玶	崇鐸	崇鏗	崇鎰
		必衢	必瓊	必壜	必鑿	必鋧	必鏷	必鐶			必僊			必垓

											善晐		
	汝雱			汝霣			汝霅				汝霂	汝庇		
崇錫	崇緯	崇絳	崇緗	崇擢	崇裝		崇慰	崇襀	崇傁	崇催		崇詞	崇譫	崇謚
	必徥	必潯			必顯	必顈		必澫		必懷				必鑒

								不溺	不汨	承信郎	不還			
											善嘻			
		汝度		汝廥	汝庾						汝芳			
	崇訣	崇璊	崇泝		崇蘵	崇譒					崇顒	崇顗		
必鏖					必鋪	必鈕	必釙				必瑮	必瑽		
												良[illegible]	良[illegible]	良[illegible]

		善皡								善乙			
汝敷	汝苜	汝苾			汝芷		汝薦			汝葴		汝蓁	
		崇瀕		崇頻	崇預		崇顥	崇頠	崇頼	崇顧		崇預	崇顓
		必軾	必轍		必望	必壁		必軨		必瓌	必璽		

不逸					不迺							
善郭					善耶				善郙			
汝鏗	汝琰	汝璵	汝汲		汝殿				汝演	汝澈	汝淪	
			崇槳	崇栈	崇柱	崇槪	崇柖	崇栵			崇機	崇杯
			必默	必爆				必熫				

								朝請大夫、直華文閣不遏						
			善□					善鄁						善鄼
汝滽		汝濃	汝瀘					汝沅	汝況			汝滾	汝臮	汝沆
崇櫖	崇樑	崇稽	崇杼	崇枹					崇權	崇榶	崇梂			
									必奕					

													中奉大夫、直敷
			善郋				善郕			善鄄	善郛		
汝㳅	汝涚		汝浝	汝能	汝淄	汝[illegible]		汝洇	汝沱	汝澆			
崇杺	崇核	崇[illegible]				崇秅	崇穅						

文閣不迂

善鄧 汝濤 崇梂 必碟

崇巢

汝灝 崇檍 必熽

崇櫅

崇柛

崇櫞

汝潓

汝淶

汝通

汝聯

善都 汝潓 崇梆

善邧

善邠

善鄹

朝請郎不遂												贈通奉大夫不
善邲		善鄱					善鄹	善鄔	善郅	善廓		
汝濠	汝湍	汝潼	汝汯	汝沛	汝灓	汝灉	汝檑	汝溼		汝漓	汝濦	

迹	善鄧	汝玭	
		汝瀘	崇稌
	善部	汝浪	
		汝汎	
		汝潢	
		汝瀁	崇菱
			崇栖
		汝灠	
		汝䅧	
	善郔	汝熏	
	善郈	汝徹	
	善鄜		
朝請大夫不迫	善鄯	汝淆	
	善郢	汝湲	崇攱

														嘉國公
														從義郎
						儒林郎	不迺							三班奉
	善鄗	善鄏					善郙		善郯		善鄣		善鄖	
汝濆		汝潗	汝溶	汝泯			汝浡	汝洞	汝洼	汝注	汝湅	汝決		
		崇樓		崇枬	崇樀		崇茉	崇枚						

仲玉						濟陰郡公、諡安憲仲滂		
士敨						太子右內率府副率士憕	太子右監門率府率士几	右班殿
職不忛	修武郎不使			不悚	不惢			
		善琅	善贇					
			汝琙					

直士賑	朝散大夫士國										
	不湅	從政郎不厭						迪功郎不徽			
		善修	善傃					善作	善坊		
			汝鼉			汝兢	汝回		汝龠	汝繡	汝楮
			崇逯	崇遒	崇澥						崇燴
					必[土栔]						必釋

		西頭供奉官士穰												
	不蔽		忠訓郎不竭											
			善昌		善修	善瑛								
汝烙			汝緯			汝鄣								
			崇勇	崇晙		崇渭			崇樞					崇暹
			必咏			必賫	必貢	必賁	必慗				必憖	
									良鋈	良鑒	良瑩			

汝尊	汝超		汝椅				汝鄙							
	崇潾	崇澮	崇濂	崇澑	崇傈	崇儌	崇鋋		崇鑇			崇鈽	崇鈅	崇鏷
						必哺	必滂	必瀆	必濯	𤀥	必淀		必溍	

善蘊

汝彤　汝昶

崇鈔　崇鉗　崇鏑　崇演　崇⿰氵⿱覀心　崇浯　崇測　崇碩　崇邵

必渙　必梋　必朾　必枘　必⿱乖木　必⿱龍木　必檕　必賢　必贊　必坣

良泞　良倓　良懽

東頭供奉官士訶

不械　贈宜教

善能

汝鉉

崇皆　崇鄜　崇恕　崇硂　崇砎　崇澂　崇瀦　崇渢

必堡　必賓　必詧　必胼　必壐　必輹　必鑐

					贈金州觀察使、安康侯
		馮翊侯仲點		左監門率府率仲圭	馮翊侯仲倕
		太子右內率府副率士肯	內殿崇班士繇		太子右監門率府率士
郎不校	修武郎不柔		秉義郎不容		
	善秩				
	汝鏦				

宗默														
阮	清遠節度使士暕													
		奉議郎不傾		贈武翼大夫不詔										
			善長			善嗇	善補	善問		善交				
						汝漢	汝霖	汝臺	汝錫	汝理			汝剔	
									崇賓	崇攸		崇備	崇宙	崇覲
										必澧	必滌	必僮		必璨

				善安										
汝矸				汝㝗						汝狩				
崇賨				崇客	崇籌	崇被			崇俱	崇遐	崇袢	崇玖	崇怖	崇埘
必澮	必稷	必倰	必祜			必蕙	必衞				必得		必憘	
		良瑽				良琢	良玩	良瑀						

									武經郎士誦		
			武翼郎不偎						從事郎不謁	修職郎不怪	不回
		善澥	善泠	善沂		善玶	善威				
汝劾		汝昬	汝霸	汝僔	汝溥	汝瑑	汝琚	汝國			
崇擇			崇可								
必滋	必瀰		必恮								

	敦武郎	士諆												
不晦	忠翊郎	不盈	左奉議	郎不匱										
		善鎰		善澤										
				汝庚				汝剛						
				崇稑	崇穗	崇簡		崇一	崇成			崇岠	崇平	崇鋈
					必聽	必慷	必採	必諒	必忞	必甜	必惎			
						良蟾								

善溉														善清
汝詮				汝俞				汝程						
崇依				崇祖					崇紃	崇紐	崇綺	崇綝	崇繻	
必震	必熙	必阜	必諧	必歸	必義	必尌	必岦					必芷		
良□														

保義郎不朋

忠訓郎不羣

善岊

汝顏

贈崇儀副使宗直

校勘記

〔一〕恭孝　原作「孝恭」，據本書卷二四五漢王元佐傳、宋會要禮五八之八三改。

〔二〕武翼郎夫　疑有誤。似當作「武翼郎」或「武翼大夫」。

宋史卷二百二十五

表第十六

宗室世系十一

平陽郡王宗彥

華陰侯仲寂

贈右領軍衛將軍士衆　洋國公、諡修榮　士編

贈朝請大夫不匿

善文

汝鄭

崇謙　崇訥

必元

良玩　良噠

友意

								汝俸						
崇計			崇訪	崇諄	崇語	崇諿	崇謠	崇訶			崇謂			崇諧
必樠	必棏	必桯			必椿		必侎	必蕙		必蕒	必寶		必晟	
					良賦			良壕	良壎		良貞	良瀁		

		贈修武郎士苹								
修職郎不疑	奉議郎不器	秉義郎不愚	奉議郎不虛							
善顒						善積				
汝畣						汝紹				
崇株				崇諍	崇諾	崇詠	崇調			崇譜
必燽				必隊				必愻	必悠	必窓

													承奉郎	不唱
											善頣	善顗		
		汝僉									汝寶			
崇椢	崇枋	崇秩		崇構		崇柈	崇柠	崇棴						
必爽	必炷	必緝	必繼	必灑	必隸			必綝	必績	必繽				

河內侯仲向			惠國公、謚恭安仲集		
東頭供奉官士俛		西京左藏庫副使士齋	太子右內率府副率士龍		太子右內率府副率士榮
修職郎不窒		不愚			

				榮國公仲號			
贈忠州刺史士讚	武義大夫士軷	秉義郎士船	修武郎士韞	武義郎士瓔	贈武翼郎士場		
		承節郎不俞		保義郎不爛	忠訓郎不巻		
		善隱			善昭	善懿	
						汝賙	汝忭
							崇𣟫
							必恢

						汝能	汝添							
	崇欄			崇橈		崇秬	崇𥝢						崇梲	崇桔
必煁	必衳	必徉	必袷	必爓	必炔	必絲	必炯	必燐	必料	必灴	必熯	必焮		必熅
							良坴	良軹						

									必焆		
								崇戩	必舉	良原	
										良巇	
					改贈奉直大夫						
					不喎	善洙	汝謕				
						善淋	汝謻	崇琊	必錙		
								崇晛	必[王扁]		
						善洸	汝譱				
							汝譡				
						善溱	汝譄	崇暇	必燈		
								崇忬			
						善注	汝詒	崇暈			
						善汧	汝詉				
				敦武郎							

		贈右屯衛大將軍仲考	安康郡公仲延			建國侯仲旌
士琫	敦武郎士瓅		右班殿直士怈	修武郎士卽	武經郎士邦	西頭供奉官士旋
	保義郎不移			不憻		承節郎不作
						善詎
						汝灑
						崇嵒
						必炤

善繼　善印

汝凉　汝適　汝調　汝讙

崇畄　崇留　崇錄　崇璯　崇褥　崇播　崇搕　崇揭　崇㨾

必烶　必熘　必燽　必煤　必期　必憲

														保義郎
					善燮								善鉡	
汝[illegible]			汝訙		汝循	汝神		汝詵	汝弗	汝鹽	汝棍	汝斷	汝郕	
崇攮	崇撰	崇楅	崇櫅	崇枻	崇稤	崇種	崇磁	崇達		崇抪				
							必[illegible]	必昪						

							河內侯仲适
			宣德郎士蘗	敦武郎士緊	秉義郎士秺	武功郎士篧	武翼郎贈奉議郎士勦
不窒	承節郎不稱	保義郎不竦					不袚
		善倅					善迹
							汝□
							崇䁒
							必燑

						左侍禁士酢	忠訓郎士顎	武德郎士顯		
								忠訓郎不痗		左奉議郎不病
				善逾				善鄰		善郴
汝□	汝□			汝堵	汝屏			汝樸		汝□
	崇馳		崇馭					崇瓖	崇墂	崇衿
	必伶	必診								

			崇禨
			崇袗
宣教郎			
不疚	善御	汝璮	
		汝曜	
		汝畸	
		汝時	
武德郎			
不疪	善卽	汝椸	
		汝桱	崇桷
			崇宴
		汝橊	崇埼
		汝柠	崇偫
	善翖	汝樅	
	善醴		

			彭城侯仲青	修武郎士組	承節郎不讋			
				修武郎士厷	不倚	善惺		
						善忻	汝欒	崇鈐
								崇銈
				忠翊郎士著	不徛			
				從義郎士杉	不志			
					不愚	善揖		
						善愓		
				忠訓郎士慶				
			華陰侯	修武郎				

仲搏	士栺	不怒			
	修武郎士栫	不欺			
	左侍禁士菥	不啓			
	忠訓郎士範	不爭			
	右班殿直士徽				
	忠翊郎士縵				
	成忠郎士鼐				
華原郡公仲被	秉義郎士祠	忠訓郎不憒	善慮	汝謐	崇瓘

善慝										善懇		善窰		
汝搏	汝湟				汝鴻		汝滔			汝潵	汝漆	汝鍒		
崇鶚	崇碤	崇⿰石予	崇渠	崇硧	崇堛	崇埩	崇橙	崇銅	崇鋿	崇⿰王祭		崇櫳	崇禒	崇禣
必崧	必县		必璡	必璮	必隑				必苹	必讚			必翏	必⿰忄叟
良軨														

景城侯仲曈

從義郎士憘 敦武郎士恪 左侍禁士頎 忠訓郎士𠌫

忠翊郎不惑 不愧

善門

汝鉍 汝鏅 汝釥

崇祒 崇櫰 崇枇

必茇 必鄉 必藺 必霔

			饒陽侯仲均					
秉義郎士曉	忠翊郎士權	敦武郎士忱	右班殿直士齺	贈朝奉郎士禬				
				秉義郎不㤃				朝散郎不彼
				善珣	善𪕉			善璙
					汝檳			汝樻
					崇透	崇遷	崇迺	崇愿

鄭王、謚勤孝宗惠

北海侯仲䪥

忠翊郎士禮

太子右內率府副率士繫

太子右內率府副率士圓

正議大夫不俄

善琩

汝棫

汝桄

汝柖

崇愿

榮國公仲眞

太子右內率府副率士勳

左藏庫使士珵

左侍禁士仙

太子右監門率府率士劌

廣平侯士註

贈武翼

不弊

不瑑

秉義郎不浼

大夫士灟	承信郎不器				
	贈武功郎不倚	善誠			
		善調			
		善計	汝愊	崇祿	
				崇禔	
				崇襗	
				崇弟	必睽
			汝憚	崇恣	
				崇慮	必浣
					必洄
				崇懲	必淩
				崇愷	必焴
					必焱

														東頭供
								善討		善詩				
	汝慊						汝愉	汝尹		汝愧	汝惜	汝慓	汝快	
	崇禱	崇禇	崇禓		崇禑	崇祫	崇𧛁	崇褠					崇澎	
必烇	必迢	必迆	必逢	必壦				必洩	必淼				必㷔	
良呈	良環			良垔				良健						

奉官士	繟			奉議郎	士普	朝議大	夫、直祕	閣士綅						
成忠郎	不驕	成忠郎	不帚		不僞		秉義郎	不耻		保義郎	不危	迪功郎	不溢	承節郎
	善倘							善道	善壽					

										東頭供	奉官士	淆	左侍禁	
不懼				不略	承節郎	不慖							不盈	
善扑						善師				善憮				
汝葵	汝芹	汝蒓	汝菘			汝怜	汝賜	汝啉	汝繩					
							崇鍋							

士漱	敦武郎士濂	武翼郎士涓								
	不求	保義郎不訥	訓武郎不灖				承節郎不誘			
			善鄰	善哨	善儋	善僇	善闓			善闇
				汝倲	汝侁		汝蕢	汝莆	汝蕘	汝芮

											建國公	仲奚		
							右班殿	直士路	保義郎	士南	北海侯	士綴		
				承節郎	不訨						忠翊郎	不慍	成忠郎	不惰
善閱			善門		善闔	善闤								善學
汝淡	汝鈷	汝罍	汝玅		汝莱									汝翼
					崇瓏									崇呂
														必暶
														良琑

									汝爲					
					崇大				崇契	崇冉				
必昪	必寧	必舅			必躬	必舉		必順	必寬		必昭	必暕		
良瑚	良珽		良琡	良琳	良環		良瑃	良⿰王棊					良⿰王寧	良⿰王鹵

		汝微			汝雝				汝勸					
		崇畋		崇藁	崇方				崇岱	崇禩				
		必詮	必諟		必億	必優	必伽	必侂		必大	必熿	必焯	必焞	必燀
良玫	良罄				良璅					良昭				
										友瑢				

汝牧	汝安		汝奭											
崇閑		崇授	崇贇	崇俛					崇晧	崇照		崇綸		
		必瀘	必蕊	必禥	必篤	必讚	必恩	必忞	必蓫			必煓	必⿰女赫	必炌
									良⿰日旁		良琦	良燂		

						汝騏								汝常
崇嘏						崇寶								崇知
必倅			必僊		必侊	必翰				必⿱宀惡		必僖	必瑀	必褺
良玅	良璣	良琛	良從	良俸		良昕	良臆	良璉	良玒	良仏	良微	良伀		良遂

										不瓘	忠訓郎	不悚		
										善政		善仁		
				汝叐						汝在				
			崇晦	崇年	崇尙	崇長	崇岡					崇維	崇鋭	崇隆
		必荇			必辯	必⿰氵亮	必淵	必滄	必⿰氵息			必偕	必濳	必模
良侍	良俠													

														儒林郎
					善信									
		汝博			汝興	汝山								
	崇輝	崇佽	崇逸	崇圭		崇戈	崇詩	崇雲	崇螭		崇圩	崇㞷		
必椽	必囦						必蔓		必溜	必注		必境	必鉩	

內殿承制士缸

不怍　不懈　贈宣義郞不憚

善能

汝璇　汝珞　汝琛　汝琇

崇倫　崇傃　崇俁　崇儦　崇例

必權　必瀿　必櫕　必植　必槱　必松　必梾

良逮　良濾　良湏　良滙

	善問									善指				
	汝珍	汝璣								汝玠		汝瓛		
崇督		崇⿰亻貫							崇祴	崇譱	崇侅	崇濂		崇湊
		必⿺辶雚								必恂	必瀴	必速		必惔	必懙
		良騰	良腴	良腆	良期	良脤	良膝					良錟	良鐏	
		友許			友謜									

				汝塘				汝珊						
	崇灑	崇瀌	崇浞	崇椅	崇梧				崇麟	崇昶	崇忼	崇恂		
必忖					必澆	必涼	必激	必羔	必澈			必洮	必瀌	必熙

		汝壘				汝浪				汝壚				
崇㥞		崇楮		崇榍	崇棫	崇𠇾	崇佶		崇傪	崇嶙		崇嘌		
必釤	必鈃	必爍	必熄	必濇		必𧦝	必訪	必諝	必颲	必濾	必沬	必維	必澋	必𤃬
							良揔				良鎬			

					汝緸				汝珊			汝珷	汝珒	
	崇[illegible]		崇崢	崇崳	崇鍈	崇鏻		崇鐳	崇倲				崇倀	
必涀	必渻	必濘	必泂	必淪	必櫨	必濄	必渚		必沁	必盅	必寤		必[illegible]	必[illegible]

		善修												
	汝璪	汝珩								汝瑕				汝壤
		崇祕							崇盥	崇枅				崇杓
必褕		必謣		必証	必講	必譚	必諿	必詡	必節	必巽	必講		必諭	
		良僊	良僖	良傍	良傛	良僃		良儈			良實	良睿	良侍	
		友淸												

				不倦		秉義郎	不愧		不慽	承信郎	不□			
			善說	善應	善嘉		善詵	善時			善佼			
				汝瑁							汝輞	汝輯		汝洪
崇校				崇早								崇斆	崇修	崇術
必謨	必譡	必誄												

							修武郎士燭					
					不慽	不怖	成功郎不那		成忠郎不釗			
					善眞		善綒		善⿰衤某			
	汝艌			汝艤			汝琲	汝⿰王國	汝璢		汝睱	汝漋
崇輪	崇達	崇法	崇紹				崇掌		崇衙	崇⿰亻卸		崇⿰金閏

										士操 成忠郎		士洟 成忠郎
										不迷		
						善裪			善裾	善複		
	汝瑿	汝瓙				汝旰	汝䀎	汝嘒	汝壄	汝瑮	汝璙	
崇鑱	崇錈	崇鏓	崇鎘	崇鏷	崇鐌							

太子右內率府副率仲嫁	贈右屯衞大將軍仲徐	建國公、諡懿恭仲企		
		內殿承制士鏰		西頭供奉官士慮
		宣教郎不矜	從事郎不伐	三班奉職不比
			善弼	
			汝霙	
			崇數	

不剛			贈武節郎不器											
善謀	善勝		善忿											
			汝諜											
			崇惪											
			必文	必周	必勤					必謙				
					良昕	良瓚	良⿰王丙	良瑝	良諸	良玗	良玿	良⿰王支	良玵	良⿰王風
										友實	友鑕			

									善序	善慶				
			汝躂		汝畬	汝豆	汝吶			汝縈				汝司
			崇與	崇[illegible]			崇垠			崇勵		崇壄		崇僞
必達							必淀	必鐮		必僎	必[illegible]	必忕		必津
良球	良珖	良[illegible]										良[illegible]	良像	

				善廣										
汝塤				汝懕					汝伉					
崇憝	崇沵	崇嶧	崇凇	崇申		崇涺	崇灟	崇曯	崇晃	崇曈	崇體	崇賫		
			必堁	必鍄	必鏈	必錕					必瀻	必𧈧	必玞	必玬
					良瑄	良璙								

													贈太師、追封申國公不求	
							善冕						善應	
						汝歷	汝篤						汝愚	
	崇孋				崇駬		崇貫	崇貝	崇資				崇憲	
必琚	必琳	必鑽	必鐶	必鎚			必漱						必愿	必屋
													良慈	良習
													友忠	友泉

					崇範		崇楷			崇樸				
			必剛	必益	必銳		必峻	必肅	必同	必佑	必譬			必珂
良質	良昌			良擽	良淑	良漢	良源		良傚	良彌	良輻	良意	良⿰車堂	良⿰王夋
友謹	友悊	友銳					友樞				友徝			

崇度							崇要							
必悌				必恬	必怡	必悰	必揆				必撫			
良淳				良急			良惠	良思	良□	良懃	良心	良恧	良備	良斂
友傳	友伋	友健	友儀											

													汝拙	
					崇寔							崇潔	崇尹	
	必抃	必撰		必桷	必棠		必輯	必正	必⿺辶雚	必透	必⿺辶參		必悳	
良愍		良憝	良嘉		良□	良⿱⺮惠		良琍					良瑋	良⿱坙土

												崇愨		
必溥		必愈				必瑠				必志	必憼	必實		
良箕	良澄	良潛	良璘	良瓛	良涓	良潤	良滂	良涫	良瀚			良慧	良恕	良忒

			崇夏								崇煥			
必宜			必裀	必鬳		必竑	必柄	必爽	必猷	必紹	必詔	必琪	必㼌	必壘
良忽				良伸	良俟		良伊					良誎	良辻	
友璋	友瑞	友珽												

			汝魯											
崇畏			崇朴		崇媗		崇穌							
必滮	必隧	必洧	必琅		必迨	必遥	必孚						必雅	
			良侁	良嵩	良榼		良衍			良修	良穆	良衎	良衞	良衡
							友嵮	友亮	友闓				友璋	友瑧

										善思	善恩	善淵		
									汝納			汝靚		
	崇徽								崇崧			崇鑒	崇縯	
	必璡			必玘	必珮		必瑱	必瑄	必伃				必祦	必倨
良衜	良栩	良栻	良栫	良鐕	良樫	良桂	良椿							

			善信	善沐										
汝徇		汝恭		汝愻		汝岃								
崇紹	崇紡	崇秉		崇閱	崇啅	崇暢				崇施				崇蘁
	必淒				必玞	必珎	必琬	必瓊	必丕	必洪	必珷	必瑭	必珽	必玻

														武翼郎
						汝鷟	汝寔			汝轅				
崇耦		崇覽			崇愖		崇贇	崇柢	崇楢	崇鋅	崇堵	崇墇	崇埗	
必珊	必琇	必璥	必琨	必泒										

士焆

不擾 贈武翼大夫不歎

善寄 善寬

汝俅 汝仙 汝俟 汝巘

崇蒠 崇玲 崇徠 崇荊 崇茹 崇藻 崇莬 崇萱

必衜 必衞 必遍 必詠 必根 必柯

善崙														
汝倫							汝侗							
崇璿		崇璠	崇瓚	崇珠	崇琈	崇琁	崇琇	崇祺	崇祇					
必訥	必揄								必沂	必渭	必濟		必瑍	必沍
良湑										良址	良璩	良瑑	良玸	

														善宇
		汝佑	汝儒								汝健			汝僩
崇補	崇祊	崇玳	崇琭	崇珩		崇玗			崇璔		崇現			崇柯
				必濯	必灖	必溱	必洅	必礎	必珣	必坎	必遨	必能	必洑	必試
				良𤩽										

									善宏					
汝俘							汝保		汝佺	汝僬				
崇棌			崇楸	崇杼			崇□	崇穐	崇杫					
必濧	必溸	必澱	必泝	必澴	必淗	必漨	必瀝		必晬		必訋	必譢	必詣	必誠

							善宕							
		汝稹			汝莅	汝價	汝儳	汝再					汝玏	
崇柷	崇檖	崇樘	崇樽		崇銓		崇嵿	崇林	崇相		崇梓	崇櫋	崇栘	崇樤
必滜	必澠	必蓫	必鋸	必瀝				必烑	必敹	必慧				

												贈承議	郎不溢	
											善宴		善僧	
	汝位									汝催			汝愿	汝戁
崇㠓	崇槃				崇榏	崇柚	崇柜	崇架	崇[木矣]					崇衎
	必膰	必服	必臐	必肵		必[月致]								必逭

						汝懋	汝懃					汝愬		
		崇毅	崇得		崇鈸		崇漢	崇枌	崇俞		崇溁	崇木	崇後	崇湘
必恬	必倡		必俓	必⿰亻能					必煌	必烳		必綺		

	善仁									善能	善時			
汝憩	汝整	汝倆				汝頡	汝肆	汝郊			汝息	汝隱	汝懿	
	崇琚	崇滈	崇昌			崇僔		崇潛	崇灈				崇墀	
			必鏘	必僓	必焆	必璞							必鉅	必綸

					善倕		善劓				善瓔			
				汝悠	汝綺	汝⿰扌⿱兹灬	汝⿰馬豈	汝秅	汝泙	汝旟	汝贏	汝待		
			崇坊	崇决		崇戠	崇輅		崇鑾	崇⿰言帛		崇墊	崇務	崇澧
必禟	必⿰王蜀	必⿰氵聿												

	善傀	汝懥	
		汝瓌	崇禠
		汝緮	
		汝醻	崇詎
	善偉	汝遺	崇諭
		汝逷	崇瀸
		汝适	
	善儵	汝譚	崇墓
		汝郅	
		汝馥	
		汝譸	
		汝譐	
		汝墼	
不吳			
不悚			

					彭城侯仲琗			
		修武郎士諺	修武郎士邅	修武郎士譓	右班殿直士丱	右班殿直士隴	右班殿直士釰	左班殿
不違	不佞	不固	不戁	不殆				
		善彬						

直士簫	贈右朝	請大夫從義郎	士垚											
			不擇											
			善詛										善誃	
			汝讙	汝侈			汝佻						汝[illegible]	
				崇育		崇卞	崇玲			崇瑀	崇衢	崇輈	崇燸	崇煥
				必交	必面		必璠	必德	必往					

	左承議郎、直祕閣不拙											
	善發			善羿								
	汝鐶		汝鑒	汝陽	汝葱	汝藏				汝芥		汝莢
崇煩	崇斗	崇肆	崇總			崇坰	崇禖	崇纕	崇繽	崇綪	崇綨	崇朋

			修武郎	不埮										修武郎
善洒	善霅			善国		善囿						善帇	善贇	
	汝惷	汝僖		汝⿰王巠	汝⿰王殳	汝㼌	汝皕	汝丱	汝臼	汝竝	汝譆	汝衜	汝瑀	
	崇意													

		忠訓郎	士鞮					保義郎	士近	承信郎	士寶			
不攬		不拒	贈中奉	大夫不	愚							不訥	不忞	
善滸					善彥			善京					善遷	
汝浦	汝涾				汝夆	汝杍							汝付	汝濮
					崇曦	崇覞	崇昵							崇秈

							不忒	不惡						
		善迿			善遼	善遲		善迒					善道	善遒
		汝湭		汝滌	汝檵			汝傲	汝淆	汝活				
崇楒	崇𥝩	崇繡	崇綢						崇復	崇岭	崇峐	崇岯		
									必櫪					

太子右內率府副率仲轍

贈右屯衛大將軍仲鷁

右班殿直士秬

右侍禁士薺

不謀　不慮　不誠

善汀　善汢

汝嵋　汝嵘　汝巄　汝岭

右班殿直士菲	右侍禁士琁						朝奉郎士錤	秉義郎
	不華	不居	不褰	不燿			保義郎不耕	
	善時			善政	善敏	善孜		

士磾	不耘		
忠訓郞			
士懬			
秉義郞	承節郞		
士建	不偎		
武經郞			
士康	不濁		
	忠訓郞		
	不懅	善昪	
		善彧	
	不恅		
	保義郞		
	不怓	善涔	汝栭
			汝椽
成忠郞			

	士詠					
	士駿					
贈左領軍〔二〕仲霈	左班殿直士奉					
	朝請郎士拎					
	朝請郎士碣	右從政郎不隕	善訊	汝羿	崇芳	
					崇菲	必櫶
					崇茂	
		不瑕	善詸	汝[王巨]	崇墲	
					崇桂	
					崇悺	
					崇戄	

			仲琰　贈左屯衛將軍									
			士置　修武郎									
			不犯									
			善惿									
汝惻	汝賓	汝建	汝慈				汝中					
崇僯		崇碩	崇柏			崇棶	崇倓	崇儻	崇倞	崇圯	崇蹬	
			必漣	必濃	必活	必溜			必鑛	必璈	必潡	必油
									良滙			

													華陰侯仲廱	
											左班殿直士泗		從義郎士堤	
									善櫸					
		汝慝	汝恁	汝瀏				汝㥦	汝鑾	汝交				
崇婝			崇矚	崇櫸	崇榕	崇栲	崇楈			崇楧				
必泝	必灝		必涪											

成忠郎士輈	武節郎士瀨										
	保義郎不譁										成忠郎不辱
	善顯		善曉							善顒	
	汝琦	汝鈔	汝忕	汝灛	汝樓	汝槁					
	崇𤈦	崇樚	崇楆			崇潚	崇汏	崇極	崇棣		
		必奎									

								南陽侯仲丞	
								右侍禁士漳	右班殿直士僕
不試	不諍	不誣	從事郎不伉	成忠郎不諛			忠翊郎不解		
				善忻					
				汝⿰車從	汝轤	汝軨			

忠翊郎	士鄹	保義郎	士肦	武翼郎	士圊									
					不恠			不恂	不[illegible]					
					善荐			善晲	善晊					
					汝祢	汝碫	汝潘		汝鐏					
					崇鬭	崇塵			崇伸	崇陂		崇陽	崇陗	崇阧
									必禥	必稀	必𥜥	必[illegible]		

		崇隍	
	汝鍴		
	汝鍪	崇𨻶	
		崇隢	
	汝鉥		
	汝鐳	崇鄰	
	汝鑌	崇陁	
善腓	汝鎘	崇燁	
		崇梶	必烟
			必圳
			必爆
		崇鈕	必岳
	汝錄	崇彔	
	汝洎		
	汝漠	崇誰	

		善昪				善暟						善晈		
汝鏒	汝璛	汝鐼		汝銚	汝鐷	汝鏈		汝錀		汝鉅	汝鍘	汝銘		汝鍍
		崇楳	崇櫹		崇椳	崇洨	崇瑞	崇磏	崇追	崇盎		崇簞	崇籕	

					博□侯	仲央								
	成忠郎	士駔	成忠郎	士杲	贈武經	大夫士	沮							
			從義郎	不迆		訓武郎	不僸							
							善棠							
汝鍏							汝逸						汝迡	汝辻
							崇開	崇闖				崇閏		崇襘
								必梃	必探		必櫸	必槿		
								良潔	良璲	良墐				

							善⿱宀林					善惎	
		汝逷				汝透	汝⿺辶林	汝迋	汝邀	汝邇		汝裔	汝肱
崇□	崇褑	崇裨	崇褍	崇硂		崇蕀				崇檣	崇栈	崇瑧	崇浩
				必琦	必确								

						善悳	汝向	崇㙊	必[大言]	良授
							汝數	崇鏄	必槳	
									必[禾廉]	
							汝備	崇[辶斗]		
								崇堰		
								崇[土厲]		
					左朝奉郎不慍	善審				
						善寏	汝[亻夆]			
							汝俛			
							汝倲			
						善敎				
					武節郎不忼					
					忠翊郎					

								右班殿直士欽	武翼大夫士澎		
不慒		忠翊郎	不惃				承節郎不㦗		秉義郎不懦		
善案	善宩	善儌				善雋			善慶	善僊	善得
		汝懇	汝恩			汝界			汝迈	汝稘	汝證
		崇擬	崇硪	崇砅	崇硊	崇⿰礻速			崇循		崇欽

									榮州防禦使仲節					
										右班殿直士縱		右班殿直士豪		修武郎
				承信郎不儗				不慠						
					善詔		善詒							
汝諍		汝訓			汝玞	汝瓔	汝弼							
崇莒	崇蕖	崇璣					崇淮							
		必簦	必第											

												華陰侯	宗本	
												馮翊侯	仲勸	
士喈					武翼郎	士徽				成忠郎	士纘	房陵郡	公士極	武經郎
不詖	不譎					不仝						訓武郎	不已	
善憘	善焇			善燁		善魁								
汝錄	汝鎊	汝餌	汝鑌	汝汫		汝場	汝劉	汝僴	汝僯					
		崇裙		崇儦										

士玵			左班殿直士悃	贈武顯大夫士慬						
不危	忠訓郎不尤	不比		贈朝議大夫不克						
	善龐			善侃	善倫	善興	善迥			
	汝矜					汝顗	汝裕	汝適	汝篪	
						崇凱	崇偁	崇誄	崇优	
						必垠		必蒳	必豐	必茇

太子右內率府副率仲舉

房國公、

迪功郎不先

善僖　善邐　善保

汝緝　汝戢　汝才　汝敎

崇佉　崇訜　崇詔　崇誼　崇效　崇致　崇松

諡孝修	仲方										贈左領	軍衞將	軍仲翊	贈左領
武經郎	士秦													
成忠郎	不息													
	善撫													
	汝愿			汝㤝	汝然									
	崇鍰	崇鏶	崇錩	崇𡋯	崇堡		崇墼	崇㘭	崇埨	崇坙				
	必汻	必回		必鐲	必衜	必衎								

東陽郡公宗辯

軍衛將
軍仲歙
贈左屯衛大將軍仲隼
太子右內率府副率仲傅
東平侯仲尋

左班殿直士芧
太子右內率府副率士索
漢東郡公士獲

三班借職不瀆

不累	修武郎不黨		從義郎不溢	忠訓郎不伐	成忠郎不朋					
	善長	善師			善信					
					汝彊				汝貫	
					崇蕎	崇旻		崇冕	崇庶	崇康
					必迡	必俁		必邈		必遇
						良適	良邁			良俾

		汝椿												
崇祽	崇祥	崇祀	崇庢	崇庠					崇蔭		崇膺			
必弨			必減		必[illegible]		必攄		必憚	必顗	必顯	必逮	必遂	
良盛						良塒	良珣	良堤	良璾			良㻄		良俉

										贈中奉大夫不敏				
										善時				
汝高	汝亢	汝云								汝鎔				
		崇潤	崇濬	崇淮	崇準					崇滂				
			必隆		必捰	必權	必扶			必栜				必材
			良奎				良鏄			良炳			良焯	良炬
										友型	友逮	友塌		

					汝鍾						汝録	汝鉌		
			崇漻		崇汢	崇滌				崇滋	崇涸	崇泌	崇浹	
	必桂	必楧	必樟	必棅		必檍	必桷	必柝	必櫸	必樹			必橞	必橅
良烇	良燿	良煤		良燑		良爔								

										善晦				
						汝鑿				汝鏈				
	崇洸				崇沇	崇漑				崇澩				
必榴	必璹	必棆	必樽	必枹	必檔	必杲				必渠	必森			必築
						良煇	良煒	良辨	良浣	良勳	良焴	良燁	良熺	良烳
													友埈	

				汝銓							汝鍠			
	崇瀚			崇淨	崇浩	崇浦	崇潛				崇注			
必棄	必樞	必相			必杞		必棡	必槐	必楸	必□	必檠			必櫺
良烓		良煠	良煥		良灼						良瀾	良濼	良奐	良煓
友壞					友奎									

														贈朝議
									善曠					
	汝鎧				汝銳				汝鉄				汝銘	
崇波	崇湧	崇瀜	崇轙	崇梟	崇洢			崇泑	崇淇			崇洽	崇潞	
					必桓		必檜	必⿰木劦	必⿰木路	必椆	必櫳	必根		
					良悚	良焆			良焥		良⿱覀異			

		華原郡公士陸									
大夫不忮	不欺	三班奉職不愧	忠訓郎不惑								
善寧			善履								
			汝城				汝點				
			崇唯	崇的	崇㝐	崇滑	崇眞	崇秦		崇采	
			必琰			必遬		必渻	必迦	必遽	必逵

			右班殿直不華	武翼郎不私								
				善實								
				汝嘉	汝曷				汝盁			
		崇銅			崇順		崇良	崇說	崇董	崇裒		
必憓					必儀	必侊		必著	必詳	必瀚		必忍
良悕	良墱				良椵					良櫝	良楧	良榛

善機												善智	善飄	
汝默				汝基	汝美					汝穹			汝謨	
崇熙	崇恩				崇彩	崇曨	崇漬	崇洊	崇礷	崇巧	崇佣		崇灝	
	必求	必珽	必璦			必橡		必檮	必楼				必槻	必楒
	良柖													
	友晛													

					忠訓郎	不儡				不酒	不慼	忠訓郎	不厭	
				善信		善實	善貸	善□	善文				善瑯	
		汝繕											汝汴	汝潘
		崇洧	崇瀘										崇仞	崇僤
必杭	必檣		必磏										必念	

					內殿崇班士純								
					秉義郎不諍								
			善旻	善文	善敎								
汝稞	汝⿰禾劦		汝積			汝淙	汝澼	汝溥			汝溓	汝浚	
	崇⿰忄爲	崇僅	崇俌			崇俯	崇儑	崇彷	崇催	崇俘	崇僥		崇偈
	必略												

										榮國公、	諡敏僖	仲綰		
				內殿承	制士怤			右班殿	直士鐥		洋國公	士託		
				成忠郎	不先	不訏					修武郎	不滔	不璘	三班奉
善逑	善道	善達	善遷		善隆	善慶	善利							
					汝敳									

職不踰　贈武德郎不賙

善斌

汝坦　汝諧

崇左　崇興　崇進　崇慶　崇渥　崇建

必乃　必捷　必擇　必擢　必淳　必源　必漑　必該　必訥

良環　良珀　良瑄　良俶　良隱　良膳　良胇　良膠　良化

信國公	仲瑝							
宣德郎	士伴	左班殿直士倂	右侍禁	士春	右班殿直士陘	右班殿		
汝平								
崇顯	崇倚							
必价	必畬							
良儡	良僎	良傅	良仁					
友侶								

榮國公、謚恭孝仲緘

直士冠　右侍禁士洛　左侍禁士鏓　右班殿直士輈　從義郎士輶　忠翊郎士強　贈朝請大夫士

不長　不□　不滅　朝請大

昌	夫不忤	善徥	汝俠	崇綳
			汝僞	
		善往	汝⿺辶青	崇荂
				崇萸
				崇薦
			汝邐	崇訵
				崇詰
			汝迦	崇鑐
			汝⿺辶卸	崇⿰車客
				崇⿰車宜
				崇輣
			汝边	崇提
				崇⿰扌因
			汝⿺辶嶲	崇輵
			汝遷	崇⿰車旬

		保義郎	不愕			從事郎	不悚	文林郎	不惕					
善徧	善徹		善得						善復		善徬			
汝琴	汝鉤		汝渻	汝瀋	汝濔				汝絿		汝綿		汝線	汝緝
崇轜	崇楟								崇宿	崇宴	崇檕	崇冉	崇膝	崇縯

						秉義郎	士斷	武翼郎	士褖			
				保義郎	不懼				不竭	不悖		
											善徠	善俺
	汝練	汝裸	汝櫟									
崇膠		崇臆	崇膝									

襄陽侯仲汧							
武經郎士榅							
	不違	不說	不退		不收	不括	不絕
善徖				善慶	善修	善峴	善峙
							汝洪
							崇澆
							必銚　必梔

汝虒	汝曾			汝橐				汝檕	汝蕑	汝涀				
崇樠			崇推	崇撩	崇壥	崇堳	崇埥	崇㩟		崇紺	崇蘘	崇禯	崇橐	崇袁
											必穦	必秾	必穱	

右侍禁士今

修武郎士穖

秉義郎士穧

左班殿直士樺

汝郲

崇和

崇湅

崇泇

校勘記

〔一〕左領軍　按李攸宋朝事實卷八宗室轉官資級圖有左右領軍衞將軍、左右領軍衞大將軍，宋會要帝系三之三八宗室追贈門贈將軍條贈左領軍衞之例屢見，此處「軍」下疑有脫文。